NOTICE

SUR

LA VIE ET LES OUVRAGES

DE

NICOLAS PICCINNI.

Par P. L. GINGUENÉ, de l'Institut National des Sciences et des Arts.

A PARIS,

Chez la Vᵉ PANCKOUCKE, Imprimeur-Libraire, rue de Grenelle, F. G., Nº 321, en face de la rue des Pères.

AN IX.

———————

Je dis au commencement de cette Notice ce qui m'engage et m'autorise à l'écrire.

Je pouvais y donner plus d'étendue à ce qui regarde la théorie, la philosophie et les procédés de la musique : j'ai préféré ce qui en concerne l'histoire. Celle de Piccinni y est tellement liée, que, sans m'écarter un instant de mon sujet, j'ai resserré dans un assez court espace, le tableau des progrès de cet art en Italie et en France pendant un demi-siècle.

J'ai rejeté dans les notes placées à la fin, quelques anecdotes particulières. Peut-être trouvera-t-on que j'en ai trop laissé dans le texte : j'en pouvais augmenter beaucoup le nombre : j'ai écarté du texte et des notes toutes celles qui ne servaient pas à faire mieux connaître le caractère de l'artiste et l'histoire de l'art.

Souvent j'ai rapporté des faits comme témoin, et quelquefois même comme acteur. Je ne pouvais l'éviter sans ôter à la vérité de sa force et de son authenticité : on verra facilement que ce n'est pas pour parler de moi, mais pour mieux garantir ce dont je parle.

J'ai retenu les expressions d'un sentiment qui se nourrira long-tems en moi de souvenirs et de regrets, n'ayant point pour but de peindre combien j'aimais celui dont j'écris la vie, mais de faire voir, par des récits dépouillés de tout ornement, combien il était digne d'être aimé.

J'ai consacré à cette Notice d'assez heureux momens de loisir et de retraite. C'est dans des momens pareils que je desire qu'on la lise. Rien ne s'allie mieux et ne se prête mutuellement plus de charme que le goût de la campagne et celui des arts. Rien ne nous procure, selon les besoins et la situation de nos ames, ou de plus pures jouissances, ou de plus douces consolations.

NOTICE

SUR

LA VIE ET LES OUVRAGES

DE

NICOLAS PICCINNI.

On dit communément que la vie des Savans et des Artistes célèbres est dans leurs Ouvrages, et que c'est-là qu'il faut la chercher. Ce qui est vrai quelquefois pour les Savans, ou plutôt pour les Littérateurs, ne l'est point du tout pour les Artistes. Leurs productions ne gardent aucune trace des événemens de leur vie ; et si quelqu'ami des arts ne prend soin, après leur mort, de transmettre à la mémoire ceux de ces événemens qui peuvent intéresser la postérité, il ne s'en conserve qu'une tradition vague, un nom, quelques dates et des souvenirs confus.

Cependant lorsqu'un grand Artiste a non-seulement enrichi son art de chef-d'œuvres nouveaux, mais lui a fait faire des progrès remarquables ; lorsque son nom est attaché à l'une de ces révolutions, qui de loin en loin, dans la suite des tems,

portent avec une sorte de violence, les arts vers
leur perfectionnement; lorsque son caractère personnel, ses vertus, la trempe et l'étendue de son
esprit, en accord avec son génie, ont formé un
de ces ensembles précieux que la Nature ne prodigue
pas; lorsqu'enfin les vicissitudes de sa vie offrent
le spectacle attachant d'un grand - homme et d'un
homme de bien, sans cesse aux prises avec la
Fortune, il n'y a nul doute que son histoire
ne tienne et à celle de l'art où il s'est illustré,
et à l'histoire même de l'esprit humain; nul doute
qu'elle n'intéresse et dans la génération présente, et
même dans les générations à venir, tous ceux à
qui les grands talens, le génie, la vertu et le malheur réunis, ne seront pas devenus indifférens.

Et si encore cet Artiste, transporté chez une
Nation étrangère, dont il a ambitionné et obtenu
les suffrages, y est devenu la victime d'une révolution politique, qu'il a cependant aimée; si forcé
de retourner dans sa patrie, il y a été en butte aux
plus cruelles persécutions, à cause de son attachement pour cette Nation étrangère; si, après de longues
souffrances, il est revenu chez elle chercher un asyle,
et qu'au moment où il croyait enfin toucher au
terme de tant de traverses, il y ait trouvé de nouvelles infortunes et la mort; sa mémoire ne devient-
elle pas pour cette Nation, une mémoire sacrée?
Ne serait-ce pas lui faire injure que de la supposer
sans intérêt pour un tel homme et pour tout ce qui
peut honorer son souvenir?

Toutes ces circonstances se rassemblent pour m'engager à publier cette Notice sur la vie et les ouvrages du célèbre Compositeur Piccinni, dont l'Italie et la France regrettent la perte. Mon amour pour l'art dont il a augmenté les richesses, une admiration, qui date en moi du premier moment où j'ai pu connaître et comparer entre elles les productions de ce bel art; une amitié constante pendant le cours de vingt-quatre années; enfin, la connaissance personnelle des principaux faits que j'aurai à raconter, et les facilités que j'ai eues pour connaître avec exactitude ceux dont je n'ai pas été témoin, tels sont les motifs qui m'ont commandé d'écrire, qui m'en donnent le droit, ou plutôt qui m'en font un devoir.

J'écrirai avec simplicité; je fuirai le style apprêté de l'éloge et ne songerai qu'à dire vrai, sans trop m'occuper de bien dire. Si je n'ai des droits à l'indulgence, j'en aurai du moins à la confiance des lecteurs.

Je n'affecterai ni n'éviterai de mêler au récit des faits, les réflexions qu'ils feront naître sur les principes et les procédés d'un art dont tout le monde parle, mais qu'on se donne peu la peine de connaître et d'approfondir. Le simple exposé des travaux et des ouvrages d'un grand maître, perdrait de son agrément autant que de son utilité, s'il ne devenait quelquefois l'exposition vivante de sa doctrine.

En lisant ce qu'était Piccinni, ce qu'il a fait et ce qu'il a souffert, on aura une preuve de plus de cette lutte entre la Nature et la Fortune , dont les hommes supérieurs sont presque toujours le sujet et les victimes. La Nature les doue à-la-fois de tout ce qui élève et agrandit l'homme , et de tout ce qui devrait le rendre heureux. La Fortune vient troubler l'œuvre de la Nature , et ne pouvant rien sur ce qui fait la supériorité , elle se venge sur ce qui fait le bonheur.

NICOLAS PICCINNI naquit en 1728 , à Bari, capitale de la petite Province de ce nom , dans le Royaume de Naples (1). Son père, qui était musicien, le destinait à l'état ecclésiastique. Il lui fit faire ses études, et de peur de l'en détourner, il ne voulut pas lui enseigner la musique, On voit rarement réussir ces sortes de précautions paternelles. La Nature, mère plus libérale , distribue ses dons comme il lui plaît , et donne presque toujours à ceux en qui elle les a placés , cette volonté constante qui les remet dans la route dont l'autorité d'un père avait prétendu les écarter.

Le jeune Piccinni, que son génie dominait malgré lui , ne voyait jamais un instrument, et sur-tout un clavecin , sans tressaillir : il s'exerçait en cachette à jouer tous les airs des opéra qu'il avait entendus, et qu'il retenait avec une facilité surprenante. Son père l'ayant un jour conduit chez l'Evêque de Bari, il s'amusait , se croyant seul , sur le clavecin du

____

(1) Voyez les Notes à la fin de l'ouvrage.

Prélat : celui-ci l'entendit de l'appartement voisin, il vint à lui en l'applaudissant, et lui fit répéter plusieurs airs. La justesse et la précision du chant et de l'accompagnement le surprirent, et il engagea le père à mettre son fils au Conservatoire de Saint-Onuphre, à la tête duquel était alors le fameux Leo.

Il y entra au mois de Mai 1742. Il fut mis d'abord entre les mains d'un maître subalterne, dont il ne put supporter long-tems les leçons, dictées par une routine aveugle. Au bout de quelques mois, les objections qu'il lui fit sur sa manière d'enseigner, lui attirèrent de sa part quelques vivacités. Choqué de cette injustice, il résolut, pour s'y soustraire, de travailler seul et d'après lui-même. Il se mit à composer, sans règles et sans autre guide que son génie, des pseaumes, des oratorio, des airs d'opéra, ce qui fit bientôt naître l'envie ou l'admiration chez tous ses camarades. Il osa enfin composer une Messe entière. Un des maîtres du Conservatoire, qui l'avait vue, et qui même en avait fait faire une répétition, crut devoir en parler à Leo.

Celui-ci, quelques jours après, envoya dire à Piccinni de venir lui parler. Le jeune homme, qui se sentait pénétré de ce respect qui est en quelque sorte l'instinct du génie, fut saisi de frayeur et se rendit en tremblant aux ordres du maître. Vous avez fait une Messe, lui dit Leo, d'un air froid et presque sévère. — Oui, Monsieur. — Montrez-moi votre partition. — Monsieur. — Montrez-la moi, vous dis-je. Piccinni se crut perdu

mais il fallut obéir : il alla chercher sa partition.
Leo la feuilleta , en regarda tous les motifs , sourit
et sonna la clochette destinée à annoncer les répétitions. Le jeune Compositeur, plus mort que vif,
le supplia vainement de lui épargner ce qu'il appelait un affront. Les instrumens et les chanteurs arrivèrent au signal : on distribua les parties , et l'on
attendait pour commencer que Leo battît la mesure.
Alors il se tourna gravement vers Piccinni et lui
présenta le bâton ou le rouleau qui sert à cet usage
en Italie comme en France. Nouvelle confusion ,
nouvelles peines du jeune élève, qui aurait voulu ,
dans ce moment, n'avoir jamais fait de musique.
Enfin , il rassembla toutes ses forces , et marqua
d'une main tremblante , les premières mesures. Mais
bientôt entraîné , échauffé par l'harmonie , il ne
vit plus ni Leo , ni l'assemblée , qui était nombreuse : il fut tout à sa musique , et la fit exécuter
avec un feu , une action, une justesse qui surprirent
tout l'auditoire et le firent combler d'éloges.

Leo seul gardait le silence. Je vous pardonne pour
cette fois, lui dit-il enfin ; mais si vous y retom-
bez jamais , je vous châtierai de manière que vous
vous en souviendrez toute votre vie. Quoi ! vous
avez reçu de la Nature un si beau présent , et vous
abusez ainsi du don qu'elle vous a fait ! Au lieu
d'étudier les principes de l'art , vous vous livrez à
toutes les saillies de votre imagination , et lorsqu'à
force d'idées sans ordre et sans règle vous êtes parvenu à faire ce que vous appelez votre partition ,

vous croyez avoir fait un chef-d'œuvre ! L'enfant,
piqué de ce reproche, raconta, pour s'excuser,
ce qui l'avait dégoûté de l'étude, l'ignorance de
son premier maître, ses duretés et le reste. Leo se
radouoissant alors, l'embrassa, le caressa et lui ordonna de venir tous les matins prendre de ses leçons.

Ce grand homme mourut subitement quelques
mois après. Heureusement pour son illustre élève,
il fut remplacé par le célèbre Durante, l'un des
plus savans Compositeurs qu'ait eus l'Italie, et qui
revenait, après quelques années de séjour en Saxe,
reprendre cette place où Leo lui avait succédé. C'est
de sa première école qu'étaient sortis Pergolèse,
Terradeglias et Jomelli; la seconde a produit Trajetta,
Guglielmi, Sacchini, Piccinni; et ceux-ci comptent
pour élèves tout ce que l'Italie a eu après eux de
Compositeurs célèbres.

Durante eut bientôt distingué Piccinni au milieu
de ses camarades. Il le prit dans une affection particulière, et se plut à lui montrer tous les secrets
de son art. Les autres sont mes écoliers, disait-il
quelquefois, mais celui-ci est mon fils.

Enfin, après douze ans d'étude, Piccinni sortit
en 1754 du Conservatoire, sachant tout ce qu'il
est possible de savoir en musique, et plein d'un
feu, d'une chaleur d'imagination, qui étaient
impatiens de se répandre.

Niccolo Logroscino était alors à Naples le seul
Compositeur qui eût de la réputation dans le genre
comique. Il est peu connu hors de sa patrie, parce

qu'il ne voulut jamais composer que dans le dialecte napolitain ; mais il y était d'une originalité inimitable. Le Prince de Vintimille proposa Piccinni au Directeur du théâtre dit des Florentins, où Logroscino avait régné long-tems. Il y composa l'opéra intitulé : *Le Donne Dispettose*. Les partisans de l'ancien maître formèrent contre le nouveau une cabale si puissante, que sans la fermeté et la générosité du Prince, l'opéra n'eût pas été donné. Il paya d'avance au Directeur une somme de 8,000 livres, pour le dommage vrai ou prétendu qu'il aurait reçu si l'opéra n'avait pas réussi : mais il fut très-bien accueilli par le public, et Piccinni, encouragé par ce premier succès, composa l'année suivante un autre opéra intitulé : *Le Gelosie* (2) ; ensuite : *Il Curioso del proprio danno*, dont le succès fut plus grand encore que celui des deux autres, et qui fut remis au théâtre avec de nouveaux applaudissemens, quatre années consécutives ; ce qui n'était peut-être jamais arrivé en Italie.

Son génie prenait chaque jour de nouvelles forces ; et bientôt il s'éleva au genre sérieux dans la Zénobie, qu'il composa en 1756, pour le grand théâtre de Saint-Charles. Elle obtint un succès brillant, qui s'est soutenu toutes les fois qu'on l'a reprise (3).

Après les belles compositions de Vinci, de Leo, de Hasse, de Galuppi, d'Iomelli, le public et les connaisseurs étaient enchantés de trouver dans un jeune homme, avec le même savoir, le même ordre et la même sagesse, une vigueur, une variété et surtout une grâce nouvelle, un style brillant et animé ; enfin l'assemblage si rare de toutes les qualités que peuvent donner la Nature et l'art, réunis au plus haut degré.

Piccinni eut cette même année une maladie dangereuse, dont il avait reçu le germe presque en naissant. Il était encore au berceau lorsqu'une chûte violente lui occasionna une contusion dans l'une des aînes, et une espèce de hernie. L'opération qu'on lui fit y laissa une petite plaie, qui se r'ouvrait souvent, lorsqu'il avait une surabondance de bile. Elle jetait pendant plusieurs jours, et il était soulagé. Si la plaie ne s'ouvrait pas, la bile refluait au-dedans, et il éprouvait des douleurs au foie, si vives qu'elles faisaient craindre pour sa vie. Ce fut une attaque de ce genre qu'il éprouva cette année, marquée d'ailleurs par deux événemens très-heureux, le succès de sa Zénobie et son mariage.

Sa réputation naissante parvint à Rome : c'est l'objet de l'ambition de tous les jeunes maîtres napolitains. Il y fut appelé en 1758, pour composer l'*Alessandro nell'Indie*. Outre plusieurs airs, dignes des plus grands maîtres, on y trouve une ouverture supérieure à tout ce qu'on avait entendu jusqu'alors dans ce genre, et qu'on exécutait encore long-tems après en Italie, dans les concerts publics et particuliers.

Ce fut en 1760 qu'il y donna la fameuse *Cecchina*, ou la Bonne-Fille, le plus parfait de tous les opéra-bouffons, qui excita dans Rome une admiration

portée jusqu'au fanatisme. Il n'y a point d'exemple
d'un succès plus brillant , plus mérité , plus uni-
versellement soutenu. On voulut voir la *Cecchina*
sur tous les théâtres de l'Italie, et partout elle excita
le même enthousiasme. A Rome, on ne pouvait plus
entendre d'autre musique ; toutes les classes du
peuple voulurent en jouir. On la donna sur les plus
petits théâtres , même à celui des *Burattini* , ou
comédiens de bois, et les gens du bon ton y allaient
encore en foule. Les têtes romaines ne rêvaient qu'à
la *Cecchina*. Toutes les modes en portèrent le nom.
Si des auberges ou des guinguettes s'établissaient, et
voulaient réussir , elles prenaient la *Cecchina* pour
enseigne , et il y a une espèce de vin qu'on appelle
encore ainsi. La maison Lépri ayant dans ce tems-là
fait bâtir près de Rome une *villa* sur un de ses fiefs,
elle lui donna le nom de la *Cecchina*. Pendant plusieurs années , le jour de la St. Pierre , on décorait
le feu d'artifice, pour la présentation de la Haquenée,
des *scènes* de la *Cecchina*, et la musique en exécutait
l'ouverture.

Enfin voici un fait qui paraît sortir des bornes de
la vraisemblance, et qui cependant m'a été certifié
par un homme digne de foi. En 1778 , les Jésuites
chassés de la Chine étant revenus en Italie, le père
Amoretti, l'un d'eux, de retour à Gênes, y publia
que quelques jésuites italiens avaient apporté à
Pékin, parmi plusieurs productions des arts de l'Europe, la partition de la Bonne-Fille, qu'ils l'avaient
fait exécuter devant l'Empereur de la Chine ; que ce

prince en avait été si délicieusement ému, qu'il avait établi une troupe de musiciens chargés seulement de jouer la musique de cette pièce ; qu'enfin il avait fait bâtir par d'habiles ouvriers du pays une espèce de théâtre, et que sur les murailles il avait fait peindre toutes les scènes de la *Cecchina*, afin de pouvoir la voir et l'entendre à la fois.

Quoi qu'il en soit de ce dernier fait, qu'il est peut-être aussi difficile de supposer inventé que de garantir, en voici un très-certain qui prouve à quoi tiennent quelquefois, dans les arts comme ailleurs, les événemens qui y font époque.

Le poëme de la Bonne-Fille est du célèbre Goldoni. Il est rempli d'intérêt ; l'intrigue est bien conduite, les caractères soutenus et adroitement opposés. C'est le meilleur, de beaucoup, qu'on eût alors entendu en Italie, et qu'on y ait peut-être entendu depuis. Cependant il avait été mis en musique, plusieurs années auparavant, par ce même Duni qui depuis était passé en France, où l'on sait qu'il a composé plusieurs jolis ouvrages (4) ; et il était tombé, comme on dit, tout à plat. Quand Piccinni arriva de Naples pour composer l'opéra du Carnaval, on lui présenta le *Libretto*, ou le Poëme qu'on lui avait destiné. Il le trouva si mauvais, qu'il refusa de le mettre en musique. On en fit faire un second, qu'il ne trouva pas meilleur ; le tems s'écoulait, et il ne restait pas vingt jours avant l'ouverture du théâtre. Enfin Piccinni demanda si l'on n'avait pas quelque ancienne pièce dont le poëme

fût bon, et dont la musique n'eût pas eu un très-
grand succès. On se rappela la *Bonne-Fille* ; on la
lui fit lire. Il en fut enchanté, et s'étant enfermé avec
deux copistes, il les occupa si bien, qu'en 18 jours
la partition fut faite, les parties copiées, les rôles
appris, la pièce répétée et jouée.

C'est peut-être à cette promptitude même, à cette
chaleur qu'il ne lui fut pas permis de laisser refroidir
un instant, à cette absence de toute distraction pendant que dura la composition de ce chef-d'œuvre,
qu'est dû le cachet particulier qui y est empreint,
et qui le distingue non-seulement de la musique des
autres maîtres, mais de celle des autres ouvrages de
Piccinni lui-même. Il y règne une vérité, une propriété de couleur, une variété, une originalité qui
se soutiennent depuis l'ouverture jusqu'à la fin.
Chaque air, chaque morceau est parfait dans son
genre, et ce qu'il n'est peut-être permis de dire
d'aucun autre opéra italien, l'ensemble est tellement
lié, qu'aucune partie ne peut en être détachée ou
déplacée sans que l'ouvrage n'y perde.

L'effet propre de l'originalité, de la création,
dans cet art, le plus inconstant, le plus fugitif de
tous, est d'en fixer l'inconstance et, si je puis
m'exprimer ainsi, d'en arrêter la fuite. Le Compositeur plagiaire, et c'est le plus grand nombre,
obligé de déguiser ses vols ou ses réminiscences,
l'est aussi de composer le morceau qu'il fait de pas-
sages tirés de plusieurs morceaux différens ; il en
résulte une incohérence et de plus une sorte de

langueur, un manque d'ame et de vie, qui fatigue et tue promptement l'attention. Quand le plagiaire est habile, il peut avec du coloris plaire dans le premier moment ; mais son succès est passager. Celui du créateur, de l'inventeur, de l'homme de génie enfin, est seul durable. Après plus de soixante années, écoutez la *Serva Padrona* de Pergolèse, ou son *Stabat Mater* ; à quelques formes près qui ont vieilli, vous croyez les entendre pour la première fois. Votre oreille est aussi flattée, votre attention aussi soutenue, votre cœur aussi ému, tandis qu'il vous serait impossible de supporter un grand nombre d'ouvrages composés long-tems après. L'ordre, la clarté, la bonne disposition des parties, l'élégance même y étaient, et leur donnèrent quelque succès à leur naissance : mais le feu créateur n'était point en eux ; c'est lui seul qui vivifie : ils sont morts.

La Bonne-Fille, l'inimitable *Cecchina* ne mourra point ; elle vit, elle plaît encore sur les théâtres de l'Italie et de l'Europe. Elle reste, j'oserai le dire, comme le vrai modèle de ce genre. On a donné depuis, dans de très-belles productions, de plus grands développemens à certaines parties de l'art ; mais peut-être lui a-t-on fait perdre de sa vérité. Dans la Bonne-Fille les sentimens, les images, les situations, les caractères, tout est rendu avec tant de propriété, de chaleur et de verve, que toutes les fois que vous réunirez des acteurs capables de chanter et de jouer les différens rôles, un auditoire qui entende la langue italienne, ou même seulement la langue universelle

de la musique, vous verrez se renouveler les impres-
sions que cet immortel ouvrage fit naître à Rome,
il y a quarante ans.

Il serait trop long de rappeler ici tous les morceaux qui ont droit à l'attention ; mais les deux
finals en méritent une particulière. C'était une création nouvelle : Logroscino avait introduit le premier
à la fin des actes, dans les opéra-bouffons, au lieu
des duo, des trio, des quatuor qui les terminaient
auparavant, de plus grands morceaux d'ensemble,
divisés par le poëte en plusieurs scènes, et par le
musicien en plusieurs motifs, ou en retours différens du même motif, qui peignaient les changemens
et les vicissitudes de la situation des personnages.
Piccinni qui commençait alors sa carrière dramatique, imagina de marquer de plus, dans ces morceaux d'ensemble, les changemens de scène et de
situation par des changemens de mouvement et de
mesure, et de donner par ce moyen au *final*, avec
moins d'uniformité, plus de développemens et
d'étendue.

Après quelques essais heureux sur le théâtre de
Naples, ce fut à Rome dans la Bonne-Fille, qu'il fit
entendre cette nouveauté musicale, avec toute son
ingénieuse et piquante variété. Les plaintes douces
et touchantes de *Cecchina*, l'ironie maligne et jalouse
des deux petites Paysannes, le dépit du Marquis
trompé par leurs caquets, la colère du jardinier
Mengotto, et au milieu de toutes les persécutions,
toujours la *Cecchina*, protestant de son innocence

adressant ses prières tantôt au ciel, tantôt à ces gens prévenus qui ne l'écoutent pas ; ce tableau neuf et dramatique produisit un effet surprenant.

Le second final en fit encore davantage. Le bon Cuirassier, témoin du sommeil agité de *Cecchina*, qu'il vient chercher au nom de son père, surpris par les deux petites pestes villageoises, qui en prennent une occasion nouvelle de calomnier la pauvre bonne-fille ; les réponses ironiques du Marquis, seul dans le secret et qui se moque des caqueteuses ; le trouble des autres personnages, et les nouveaux accens de la douleur de *Cecchina*, voilà ce que les Romains entendirent alors avec ravissement ; et il faut avouer qu'on a plutôt l'oreille blasée qu'exercée, lorsqu'à force de rafinemens et d'exagérations, on est devenu insensible à tant de beautés (5).

La Bonne-Fille était depuis quelques mois au théâtre, et Rome était pour ainsi dire en rumeur par son succès, lorsque le fameux Jomelli y passa revenant de Stuttgard, et retournant à Naples sa patrie. En arrivant il n'entendit parler que de la *Cecchina* et de son auteur. Piccinni était encore au Conservatoire quand Jomelli était parti pour l'Allemagne ; il n'avait rien entendu de lui. Importuné de tout ce bruit, *sarà*, dit-il d'un ton de mépris, *qualche ragazzo, e qualche ragazzata* ; ce sera quelque enfant, et quelque enfantillage. Il alla le soir au théâtre, écouta d'un bout à l'autre avec une extrême attention, sans dire un mot, ni faire un signe. En sortant, il fut entouré d'une foule de jeunes gens et d'amateurs qui lui demandèrent son sentiment sur ce qu'il venait d'entendre. Il s'arrête enfin , et leur dit avec beaucoup de gravité. *Ascoltate la sentenza d'Jomelli : questo è inventore* : écoutez le jugement d'Jomelli : celui-ci est inventeur. Dans la bouche d'un Compositeur aussi savant , et sur-tout aussi grand inventeur lui même , rien n'était plus significatif que cet éloge.

Piccinni était marié et déjà père de famille. Il avait épousé en 1756 Vincenza Sibilla , son élève dans l'art du chant, qui joignait, aux agrémens de son sexe , la voix la plus belle et la plus touchante. Tout ce que de si heureuses dispositions et les leçons assidues d'un si bon maître peuvent produire , sur-tout quand le maître et l'écolière s'aiment passionnément , et sont également passionnés pour l'art que l'un enseigne et que l'autre apprend , c'est tout cela qu'il faut se figurer pour avoir une idée du talent de Mad. Piccinni. Il ne voulut point qu'elle montât sur le théâtre où tout lui promettait les plus grands succès et la plus brillante fortune ; mais chez lui presque tous les soirs , et dans les concerts particuliers ou , comme disent les Italiens , dans toutes les *académies* où l'on s'empressait de l'inviter , elle ne chantait que la musique de son mari : elle la rendait dans le véritable esprit du Maître ; et je tiens de lui que jamais il n'avait entendu ses ouvrages , et surtout sa *cara Cecchina* , chantés avec un art aussi parfait , et ce qu'il mettait encore au-dessus de

l'art

l'art , avec autant d'ame et d'expression que par sa femme.

L'année suivante ce fut dans le genre sérieux qu'il obtint à Rome, par son Olympiade , un succès des plus éclatans. L'air *se cerca*, *se dice* et le duo *ne' giorni tuoi felici* étaient dès-lors , comme ils sont encore, les deux morceaux où l'on attendait le Compositeur. Il en fit deux chef-d'œuvres qui effacèrent tous ceux qu'on avait entendus sur ces mêmes paroles. Trois rivaux bien redoutables l'avaient précédé ; Pergolèse, Galuppi et Jomelli. Il justifia l'audace de lutter avec eux ; il les vainquit. C'est leurs ouvrages sous les yeux que j'ose le dire ; et je ne crains pas d'être démenti. (6)

Il fit encore dans le Duo l'heureux essai d'une nouvelle forme musicale, que depuis on a toujours suivie. Avant lui, tous les duo sérieux italiens étaient composés d'un premier mouvement lent, dialogué d'abord, ensuite à deux voix réunies; puis venait, comme dans les airs du même tems, une seconde partie très-courte, presque toujours remarquable par des modulations hardies et pressées, et souvent d'un mouvement un peu plus vif que le premier, après quoi l'on recommençait, note pour note, la première partie toute entière, ou au moins la dernière moitié. Maintenant, après un mouvement lent, lorsque la situation des personnages le permet ou l'exige, après qu'ils se sont abandonnés à l'expression d'un sentiment doux, tendre, ou triste et douloureux, la passion croissant par degrés, parvenue enfin à son comble, prend tout à coup une expression plus énergique et plus rapide : le mouvement une fois accéléré ne revient plus à sa première lenteur ; souvent même il se précipite encore davantage vers la fin. Cette marche est celle des passions, elle est celle de l'art perfectionné.

Ce fut Piccinni qui osa le premier sortir des routes battues, et introduire dans les duo, cette coupe si favorable à l'expression. Le succès de cette nouveauté qu'il employa pour la première fois dans son Olympiade, engagea tous les autres maîtres à l'adopter. Tous les amateurs ont ce duo : *ne' giorni tuoi felici*, et peuvent le comparer avec ceux qu'avaient auparavant composés sur les mêmes paroles les trois grands maîtres que j'ai nommés. Ils verront dans celui de Piccinni, non-seulement une coupe nouvelle, mais un style nouveau, dégagé sur-tout d'un reste de pédantisme et de scolasticité, dont les autres ne s'étaient pas encore défaits. Qu'ils comparent ensuite ce même duo avec ceux qu'ont faits depuis, dans le même opéra, Sacchini, Anfossi, Sarti, et plusieurs autres maîtres, ils y reconnaîtront la même marche, la même coupe dont il avait donné le modèle (7).

Il n'y avait plus en Italie de réputation que celle de Piccinni n'effaçât. Toutes les villes, tous les théâtres se le disputaient à l'envi. Si des époques plus intéressantes encore pour nous ne m'appelaient, si je ne craignais les détails et les redites, je le suivrais ici dans les progrès de son art et de son génie ; je le ferais voir se multipliant pour ainsi dire lui-même avec une fécondité inépuisable, écrivant dans cette même année (1761) six opéra, trois sérieux et trois bouffons, remplissant en quelque sorte l'Italie entière, et applaudi presque en même tems à Turin, à Reggio-de-Modène, à Bologne, à Venise, à Rome et à Naples ; enrichissant la langue musicale d'une foule d'expressions créées, de motifs ingénieux et nouveaux ; par-tout applaudi, recherché, fêté, mais revenant avec prédilection, chaque année, donner de nouvelles jouissances à Naples, sa patrie, et à Rome, le théâtre le plus brillant et le plus orageux de la gloire d'un compositeur.

Il y réussissait depuis 15 ans. Au grand comme au petit théâtre, dans le genre sérieux et dans le comique, on n'y goûtait que ses ouvrages. D'autres maîtres avaient des succès, mais lui seul causait de l'enthousiasme, et jamais enthousiasme pour un autre ne s'était soutenu si long-tems. Les Romains, naturellement changeans, s'étonnaient eux-mêmes de leur constance. Ils trouvèrent enfin un rival à lui opposer : ce fut Anfossi. Son *Inconnue persécutée*, donnée en 1773, eut le succès le plus brillant. Un chant pur, facile, expressif, une coupe d'airs régulière, une harmonie claire, et cependant travaillée, des accompagnemens bien dessinés et de bon goût, et sur-tout deux longs *finals* qui offraient des mouvemens bien contrastés et de très-beaux effets d'orchestre, voilà ce qu'il est impossible de ne pas reconnaître dans cet ouvrage, qui n'a pas d'ailleurs au même degré, dans les motifs, le premier de tous les mérites, la nouveauté, l'invention.

Pascal Anfossi avait été élevé à l'un des Conservatoires de Naples , non comme compositeur , mais comme instrumentiste. (8) Il jouait fort bien du violon ; il était employé depuis dix ans dans les orchestres de Naples , lorsqu'il eut envie d'apprendre la composition. Sans s'attacher régulièrement à aucune école , il prit des leçons de plusieurs maîtres. Il en prit sur-tout de *Piccinni* et de *Sacchini* , et se fit un style composé de ceux de ces deux excellens modèles. Piccinni le prit en grande amitié ; ce fut lui qui lui obtint à Rome un premier engagement pour composer l'opéra , au théâtre *delle Dame*. Il ne réussit pas ; mais Piccinni soutint qu'il était en état de faire mieux , et le fit engager une seconde fois , qui ne réussit pas plus que la première. Le maître s'obstina encore à produire et à soutenir son élève , et cette fois il eut raison ; l'élève , ainsi encouragé , travaillait avec tant d'application qu'il devint maître à son tour ; son troisième ouvrage fut l'*Inconnue persécutée*. Aucun autre depuis la *Bonne-Fille* , n'avait reçu tant d'applaudissemens , ni tant échauffé les têtes romaines ; et comme l'intrigue de la nouvelle pièce était entièrement calquée sur celle de l'ancienne , la *Gianetta* devint presque aussi célèbre que l'avait été la *Cecchina*.

L'année suivante , la *Finta Giardiniera* du même Compositeur n'eut pas moins de succès, quoique la musique n'en fût peut-être pas aussi bonne , et qu'elle eût évidemment le défaut de trop ressembler à celle de l'*Inconnue. Il Geloso in cimento* (le Jaloux à l'épreuve) donné en 1775, réussit encore davantage. Nous l'avons entendu depuis à Paris, mais avec beaucoup de changemens et d'airs ajoutés. Tel qu'il est dans la partition originale, on peut le regarder comme inférieur aux deux autres, à l'exception d'un final, le plus piquant et le plus agréable qu'on eût encore entendu d'Anfossi.

A Rome, plus que par-tout ailleurs, ces succès d'éclat ne sont pas toujours en raison du mérite réel des ouvrages. L'auteur, quel qu'il soit, de l'article d'Anfossi dans l'ouvrage de la Borde (9), dit qu'on ne peut lui reprocher que de s'emparer des idées des autres, et sur-tout de celles de Piccinni son maître. « Ses succès prodigieux à Rome, ajoute-t-il, quelque mérités qu'ils soient, ont été dus en partie à la cabale de *Pietro della Cella amara*, ami de Sacchini, qui aime infiniment Anfossi. » J'ai recherché ce que c'était que ce grand et redoutable chef de cabale. *Pietro* était tout simplement le maître-d'hôtel de la princesse de *Cella amara*. A quoi tiennent souvent les succès et les réputations !

Anfossi était devenu l'idole des Romains. Piccinni l'aurait vu sans jalousie : ses opéra continuaient de réussir sur le même théâtre, soit avant, soit après ceux d'Anfossi. Quoique ce ne fût plus le même fanatisme, il y avait encore à Rome de l'adoration pour lui ; il y en avait plus que jamais à Naples, où il avait donné en 1774 son second *Alessandro nell'Indie*, son chef-d'œuvre dans le genre sérieux (10). Les applaudissemens et l'ivresse publique qu'excita ce bel ouvrage, pouvaient consoler et dédommager amplement son auteur, du refroidissement qu'il éprouvait à Rome; mais le troisième succès de son protégé, devenu son rival, fut accompagné de circonstances qui ne lui permirent pas d'y être insensible.

Les amis d'Anfossi ne crurent point avoir assez fait pour lui, s'ils n'abattaient tout-à-fait Piccinni. Ils firent donc siffler et même retirer du théâtre un opéra de lui, et mettre à la place celui d'Anfossi, qui ne devait le suivre que quand les représentations du premier seraient épuisées. Cela n'était jamais arrivé à aucun des ouvrages de Piccinni. La nouveauté de ce malheur, et l'idée d'ingratitude, qui dans une ame sensible comme la sienne, devait naturellement s'y joindre, l'affectèrent tellement qu'étant reparti précipitamment pour Naples, il y tomba malade en arrivant.

Sa maladie fut longue et grave. Ce fut une attaque de ce même mal qui l'avait déjà conduit plusieurs fois au bord du tombeau. On le crut pendant plusieurs mois près d'y descendre; et ce ne fut qu'au bout d'une année qu'il put commencer à se rétablir. Dès qu'il eut repris des forces, il jura de ne plus composer pour Rome, et de se consacrer désormais tout entier aux théâtres de Naples. Le premier fruit de cette résolution fut son charmant opéra-bouffon des *Voyageurs*. Jamais il n'avait mis dans aucun ouvrage plus de feu, de vigueur et d'originalité. Les Voyageurs causèrent à Naples un tel enthousiasme, que pendant les quatre saisons de cette année, 1775, et le printems suivant, on ne voulut point en entendre d'autre.

Piccinni jouissait alors dans sa patrie de la plus haute considération. Les premières maisons de Naples se disputaient le plaisir de le posséder à la ville ou dans leurs *villegiatures* (11). La Princesse Belmonte-Pignatelli sur-tout, ne pouvait se passer de lui. C'était la même à qui la voix du célèbre Raff avait sauvé la vie, dans sa jeunesse, en faisant couler ses larmes, lorsque restée veuve d'un mari qu'elle adorait, elle était réduite à un état de stupeur et d'insensibilité qui la conduisait à la mort (12). Dans une extrême vieillesse, elle conservait encore un goût très-vif pour la musique. Piccinni, dont elle avait été une des premières protectrices, la voyait presque tous les jours : elle l'aimait et le traitait comme un fils (13).

Aucun étranger de distinction n'arrivait à Naples sans desirer de le voir, de l'entendre, de jouir de son entretien, qui était aussi aimable et aussi piquant que sa musique. Dès l'année 1759, le Prince héréditaire de Brunswick étant venu à Naples, l'alla voir, lui témoigna la plus grande admiration, lui demanda son amitié et le pria de lui envoyer à Rome, où il se rendait, plusieurs de ses partitions copiées. Lorsqu'il les eut reçues, il lui écrivit, pour le remercier, une lettre remplie d'affection, et y joignit un présent considérable. Son jeune frère, âgé de 18 ans, voyageait en

Italie en 1775 : il ne manqua pas, en arrivant à
Naples, d'aller visiter Piccinni. Il le surprit dans
l'intérieur de sa famille, et resta vivement frappé
du tableau qui s'offrit à ses yeux. Piccinni berçait
sa fille cadette, née cette année là même : une
autre de ses filles le tirait par son habit, pour
l'écarter du berceau. La mère jouissait de ce spectacle : elle se sauva en désordre, apercevant un
étranger qui se tenait debout à la porte, pour en
jouir lui-même. Piccinni resta un peu confus. Le
jeune Prince se fit connaître, le pria de pardonner
son indiscrétion, et lui dit avec attendrissement :
Je suis charmé de voir qu'un si grand homme ait
autant de simplicité, et que l'auteur de la Bonne-
Fille soit un si bon père.

Ce fut dans ces circonstances qu'on renouvela
auprès de Piccinni les propositions qui lui avaient
déjà été faites, pour l'attirer en France. La Borde,
valet de chambre de Louis XV, et auteur de l'*Essai
sur la Musique*, avait été chargé de cette première
négociation, qui était près de se terminer lorsque
le Roi mourut. Dès que la nouvelle Cour put
s'occuper de ces objets, le Marquis Caracciolo,
Ambassadeur de Naples, obtint de la Reine la permission de renouer cette affaire. Il écrivit à Piccinni,
qu'il aimait beaucoup, et qu'il détermina facilement, en lui faisant envisager un établissement fixe,
et un sort avantageux pour lui et pour sa nombreuse
famille.

Piccinni quitta donc l'Italie, qu'il remplissait

depuis plus de vingt ans de son nom et de ses ouvrages. J'ai eu depuis entre les mains la liste chronologique de ses opéra italiens. J'en ai compté cent trente-trois, tant sérieux que bouffons, composés dans cet espace de tems. J'ai vu et j'ai eu la permission d'étudier les partitions, toutes notées de sa main, à l'exception de deux ou trois, dont les originaux s'étaient perdus. Dans ce nombre, plusieurs sont des chef-d'œuvres, et il n'y en a point qui ne renferme quelques morceaux qui annoncent le grand maître, et capables seuls de faire la réputation d'un Compositeur (14).

Qu'on ajoute à tant d'ouvrages de théâtre, une quantité innombrable de morceaux détachés, d'oratorio, de cantates, de musique d'église, et l'on concevra difficilement que le même homme eût pu pendant l'espace de vingt ans, produire ce qui, ailleurs qu'en Italie, paraît trop fort pour la vie de plusieurs hommes.

Piccinni arriva à Paris dans les derniers jours de Décembre 1776, avec sa femme, son fils aîné, alors âgé de 18 ans, et un jeune Anglais, son élève. L'hiver était extrêmement rude, et sur-tout très-brumeux. C'était, pour un Napolitain, une terrible épreuve du climat de France. Il la soutint avec courage. Seulement je me rappelle qu'une quinzaine de jours après, les brouillards humides ayant toujours continué depuis son arrivée, il me dit tristement : *ma, caro lei, in questo paese non c'è mai sole?* Mais, mon cher monsieur, en ce pays n'y a-t-il donc jamais de soleil?

Il ne trouva point en arrivant tout ce qu'il attendait et qu'on lui avait promis. Les lettres qu'il avait
reçues portaient qu'il aurait, outre un appointement
de 6000 liv. et le paiement de son voyage aux
frais du Roi, le logement et la table chez l'Ambassadeur de Naples. Mais M. de Caracciolo, chez qui
il descendit, et qui l'accueillit avec beaucoup d'a-
mitié, prétexta la petitesse de sa maison, et le fit
conduire dans un hôtel garni qu'il avait fait arrêter
pour lui (15). Il y resta près d'un mois, jusqu'à ce
qu'on lui eût arrangé et meublé, à ses frais, un
petit appartement, rue Saint-Honoré, en face de
la maison où demeurait alors Marmontel.

Dès qu'il put s'y établir, il se mit à travailler.
Il avait d'abord un grand travail à faire, car il ne
savait pas un mot de français. Marmontel se chargea
de le lui apprendre. Il avait à cette éducation un
intérêt particulier. Il avait entrepris de faire à six
opéra de Quinault les changemens nécessaires pour
qu'ils pussent être mis en musique moderne. Suppri-
mer les détails familiers ou de mauvais goût qui
sont plus fréquens qu'on ne pense, surtout dans les
premiers ouvrages de ce Poëte aimable ; abréger
les longueurs, placer dans toutes les situations
qui appelaient le chant, des *airs*, des *duo*, des
trio, des *quatuor* ; enfin tous les morceaux de
musique qui remplissent les opéra italiens, et qui
offrent aux Compositeurs les moyens de déployer
toutes les richesses de leur art ; tel était le but qu'il
s'était proposé en retouchant ainsi *Thésée*, *Isis*,

Roland, *Atys*, *Amadis* et *Armide*. Des gens qui ne connaissent de Quinault que quelques tirades agréables, et d'autres qui ne les connaissent même pas, ont taxé cette entreprise de sacrilége. Il suffit de lire ces six pièces pour reconnaître qu'elle était nécessaire, au moins quant aux cinq premières. Armide a moins de défauts et plus de beautés que les autres ; mais en la mettant en musique telle qu'elle est, Gluck lui-même a rencontré des difficultés qu'il n'a pu vaincre, quoique dans son système musical il en ait trouvé moins que n'eût fait tout autre Compositeur.

Peut-être Marmontel alla-t-il trop loin : en se faisant la loi de réduire en trois actes tous ces ouvrages, qui sont en cinq, il sacrifia quelques beautés qu'il aurait pu conserver : peut-être aussi ajouta-t-il trop de vers à ceux de Quinault, et ne travailla-t-il pas toujours assez les siens ; mais aujourd'hui, que les passions injustes sont éteintes, et que celui qui en fut l'objet n'existe plus, il est bon que l'on sache tout ce qu'il fit alors par zèle pour les progrès de l'art, beaucoup plus sans doute que pour l'utilité personnelle qui devait en résulter pour lui.

Quoique déjà d'un âge avancé, et habitué depuis long-tems à consacrer au travail ses matinées entières, il sortait tous les matins et montait chez Piccinni, avec qui il s'enfermait pendant deux ou trois heures. C'était Roland qui avait été choisi pour être mis le premier en musique. Il commençait par lui en expliquer une scène, qu'il lui faisait ensuite

répéter : puis il marquait sur son manuscrit la quantité de tous les mots , par les signes prosodiques
de longues et de brèves. Cela fait , il le laissait
travailler seul. C'était alors que Piccinni mettait en
musique ce qui avait été le sujet de la leçon. Le lendemain il commençait par chanter à Marmontel ce
qu'il avait fait : celui-ci ne jugeait que de ce qui
regardait la langue et la prosodie. S'il était échappé
quelque inexactitude , ce qui était extrêmement
rare, ils la corrigeaient sur-le-champ , et ils passaient
ensuite à une autre scène , qu'ils travaillaient de la
même manière.

Ils eurent tous deux la constance de continuer
ainsi pendant près d'une année. On croirait qu'après
avoir pris tant de peine , le moment où la partition
fut achevée devait être celui de la jouissance. Ce
fut au contraire pour Piccinni l'époque de peines
bien plus vives. Il faut , pour les concevoir , se
rappeler ce qui avait précédé son arrivée en France,
et l'état où la Musique y était alors.

Quand on voudra faire entendre un jour à nos
neveux ce que c'est que la Révolution française, il
faudra d'abord leur donner une idée de ce qu'était
le régime insensé qu'elle a détruit; de même il
faudrait expliquer ce que c'était que la psalmodie
barbare qu'on appelait Musique française , et la
machine lourde et soporifique qu'on nommait
l'Opéra , pour faire bien comprendre aujourd'hui
la nature de la révolution musicale qui s'y était
faite.

Elle l'était dès long-tems sur un autre théâtre. Depuis qu'au milieu de ce siècle des Bouffons italiens s'étaient fait entendre à Paris, l'italien Duni, dans le *Peintre Amoureux*; Philidor, dans *Blaise*, dans *le Maréchal*, *le Sorcier*, *Tom-Jones*; Monsigny, dans *le Cadi Dupé*, *On ne s'avise jamais de tout*, *le Roi et le Fermier*, *Rose et Colas*, avaient adapté à notre langue le goût et à-peu-près le style de la musique italienne, sur celui de nos théâtres qu'on nommait Italien. L'ingénieux Grétry, venu après eux, y avait apporté un plus nouveau style; *le Huron*, *Lucile*, *Sylvain*, *le Tableau parlant*, *les Deux Avares*. *Zémire et Azor*, *l'Ami de la Maison*, et plusieurs autres charmans ouvrages, avaient achevé d'enrichir le répertoire de ce Spectacle, et d'y préparer au chant italien les oreilles françaises. Mais Philidor, Monsigny, Grétry lui-même, dans *Ernelinde*, *Aline*, *Céphale et Procris*; et l'estimable Gossec, dans *Sabinus*, avaient inutilement tenté d'étendre cette heureuse réforme jusqu'au théâtre de l'Opéra.

Des voix pesantes et volumineuses, une déclamation froide et emphatique, dans ce qu'on appelait Premiers Sujets; des Chœurs discordans et immobiles; un Orchestre inhabile, assourdissant et monotone; enfin un public habitué à des cris depourvus de chant, de rhythme et de mesure, étaient autant d'obstacles qu'ils n'avaient pu renverser; et après quelques vains essais, on retombait toujours dans la torpeur et les convulsions glacées de notre ancienne psalmodie.

C'est au célèbre Gluck qu'était réservée la gloire de nous en faire sortir. Ce fut lui qui secoua sur cette masse inerte et pesante le flambeau de Prométhée, qui fit déclamer avec simplicité et vérité, et autant qu'il lui fut possible, chanter juste et en mesure les Acteurs et les Actrices ; qui fit agir et s'animer les Chœurs, et qui styla l'Orchestre à suivre et à seconder les mouvemens et l'expression du chant. Ce fut lui qui, ayant su le premier fondre ensemble le système dramatique des Français, les formes de récitatif et de chant de l'Ecole italienne, et la force d'harmonie de l'Ecole allemande, fit pour jamais oublier le plain-chant français. *Iphigénie en Aulide* avait commencé cette grande révolution ; *Orphée* et *Alceste* l'affermirent ; la chûte de *Cythére assiégée* ne put y porter atteinte ; on en conclut seulement que, le premier dans un genre, l'Auteur n'en devait point sortir.

Gluck, qui avait d'abord rencontré des oppositions, n'en éprouvait presque plus ; il n'avait pour ainsi dire d'autres ennemis, il n'en avait pas du moins de plus dangereux que quelques admirateurs enthousiastes, dont les exagérations choquaient tous les bons esprits. Ceux, par exemple, qui avaient le plus de plaisir à entendre Alceste, n'aimaient pas qu'on leur fît une loi de ce plaisir, et qu'on imprimât publiquement que ceux qui ne l'éprouvaient pas *étaient des gens qui voyaient a'un œil sec la vertu malheureuse, que de véritables traits de générosité et de grandeur d'ame ne touchaient point* (16) : Ils n'aimaient pas qu'on prétendît avoir observé, et qu'on fît *remarquer* au public « *qu'Alceste plaisait principalement à de bonnes gens, à des pères de famille, à des mères tendres, à de bons amis, à des jeunes gens sensibles,* » parce qu'il leur paraissait possible, à la rigueur, que l'on eût toutes ces qualités, sans aimer passionnément la musique d'Alceste, et que l'on raffollât de cette musique, sans les avoir.

Mais le mérite de cet Ouvrage, si emphatiquement loué, n'en était pas moins réel, moins senti, moins reconnu. La révolution musicale était donc bien avancée. On essaya de remettre au théâtre quelques opéra français, entre autres, le *Thésée* de Lulli ; mais il ne fut plus possible de les entendre. Pour avoir entièrement cause gagnée, il ne restait qu'à faire de la nouvelle musique sur quelques anciens Poëmes déja traités par Rameau ou par Lulli, afin que les mêmes vers paraissant sous deux musiques différentes, on pût se décider avec plus de connaissance de cause et prononcer sans appel sur ce qui n'était déja plus en question. Gluck se détermina à faire *Armide.*

Ce fut pendant qu'il y travaillait à Vienne, que Piccinni vint en France. On a vu de quoi il fut occupé pendant près d'une année. Tout entier à son art, étranger à toute intrigue, à toute ambition, aux mœurs, aux goûts, aux usages, à la langue du pays qu'il venait habiter, il passa ce tems renfermé dans sa famille et dans un cercle borné

d'amateurs et de gens de lettres , étudiant assidû-
ment notre langue, y faisant des progrès rapides ,
studieux surtout de la déclamation et de la prosodie,
et partageant ses journées entre la composition de
son premier ouvrage et la lecture de nos Poëtes , de
nos Orateurs et de nos Philosophes les plus célèbres.

Il aurait aimé nos spectacles ; mais deux choses
qu'il haïssait à la mort l'en écartaient , le bruit et
la chaleur fétide. Le plus souvent , après avoir dîné,
ou chez lui ou chez quelques amis , il laissait sa
famille aller au théâtre , et s'enfermait seul, pour
lire et méditer les grands Ecrivains français. C'était
son plus agréable délassement et sa jouissance favo-
rite ; je l'y ai surpris plus d'une fois, et toujours lisant ou Racine , ou Voltaire , ou Rousseau. Son
esprit naturellement philosophique et son ame sensible , lui donnaient une prédilection marquée pour
l'Auteur d'Emile. (17) En causant avec lui des
lectures dont je le trouvais occupé, j'ai souvent été
surpris de la justesse de ses observations et de la
finesse de ses aperçus.

Cependant, sans qu'il s'en doutât, il se formait
déjà contre lui des orages. A peine avait-il commencé son Roland, que les partisans de Gluck ,
et, puisqu'il faut l'avouer, Gluck lui-même , lui
déclarèrent la guerre. Que ceux qui furent amis de
ce grand homme, que ses admirateurs (et personne,
je le déclare, n'admire plus que moi ses bons ouvrages), ne craignent point que j'aille recommencer
ici cette guerre affligeante ; malgré la part active que

j'y pris dans la suite, m'étant dès-lors garanti d'être exclusif et injuste, je suis loin de pouvoir le devenir aujourd'hui. J'ai toujours regardé comme trop vaste le Panthéon des arts, pour croire qu'on ne pût y élever une statue sans en abattre une autre. Mais en ce moment il s'agit d'une vérité historique, qu'il ne dépend pas de moi d'altérer.

Ces deux illustres rivaux pouvaient n'être pas ennemis, et le caractère de Piccinni rendait l'union facile entre eux : l'Art y eût gagné sans doute, et de misérables divisions n'eussent pas troublé les jouissances de cet art conciliant et paisible. On fut excessif de part et d'autre, selon la coutume. On écrivit, on s'injuria, on se détesta cordialement, le tout pour des notes : on embrouilla la question, et l'on n'en cria que plus fort quand on fut parvenu à ne se plus entendre.

Dans cette guerre, comme dans toutes les autres, le tort est du côté des aggresseurs. Ceux qui se trouvaient inopinément et injustement attaqués, n'eurent pas le choix et se virent forcés de se défendre. Or, que cette aggression vînt de Gluck lui-même, voici ce qui le prouve évidemment.

D'abord il fit courir le bruit qu'il avait commencé à composer *Roland*. Bientôt on publia même que cet opéra était fini, ce qui donna lieu à ce bon mot que le Journal de Paris s'empressa de recueillir : « Savez-vous, disait quelqu'un à l'amphithéâtre, que Gluck arrive avec la musique d'*Armide* et de *Roland* ? — De Roland ! dit son voisin ; mais M. Piccinni travaille actuellement à le mettre en musique. — Eh bien ! répliqua l'autre, tant mieux ; nous aurons un *Orlando* et un *Orlandino* (18). „

Peu de tems après, parut, dans l'*Année Littéraire,* une lettre de Gluck, qui contient la véritable déclaration de guerre. « Vous m'exhortez, écrivait-il, au Bailli du Roulet, auteur du Poëme de son Iphigénie en Aulide, vous m'exhortez à continuer de travailler sur les paroles de l'opéra de *Roland :* cela n'est plus faisable, parce que quand j'ai appris que l'administration de l'Opéra, qui n'ignorait pas que je faisais Roland, avait donné ce même Ouvrage à M. Piccinni, j'ai brûlé tout ce que j'en avais déjà fait, qui peut-être ne valait pas grand'chose ; et en ce cas le public doit avoir obligation à M. Marmontel d'avoir empêché qu'on ne lui fît entendre une mauvaise musique. D'ailleurs, je ne suis plus un homme fait pour entrer en concurrence. M. Piccinni aurait trop d'avantages sur moi : car outre son mérite personnel, qui est assurément très-grand, il aurait celui de la nouveauté. Moi, ayant donné à Paris quatre Ouvrages, bons ou mauvais, n'importe, cela use la fantaisie (19) ; et puis je lui ai frayé le chemin, il n'a plus qu'à me suivre.

„ Je ne vous parle pas de ses protections ; je suis sûr qu'un certain Politique de ma connaissance, (c'était l'Ambassadeur de Naples) donnera à dîner et à souper aux trois quarts de Paris pour lui faire des prosélytes, et que *Marmontel, qui sait si bien faire des contes, contera à tout le Royaume le mérite exclusif du sieur Piccinni.* Je plains en vérité M. Hébert

(alors administrateur de l'Opéra) d'être tombé *dans
les griffes de tels personnages* , etc. ,, On conviendra
que cette hostilité était aussi vive que gratuite. Il
serait inutile de chercher à excuser cette lettre , qui
devint malheureusement trop publique : mais peut-
être fut-elle imprimée sans la participation de son
auteur.

La guerre de plume ainsi provoquée , s'alluma
bientôt. L'exagération à laquelle se livraient les admirateurs de Gluck , rendit exagérés , dans un sens
contraire , ceux qui ne partageaient pas leur admiration. L'acharnement à poursuivre les Italiens , la
période italienne, les chants italiens, et Piccinni, qui
étant italien , était maudit d'avance avec ses chants
et ses périodes, tout cela aigrissait ceux même qui ne
le connaissant pas , mais connaissant la bonne musique
italienne , et par conséquent celle d'un Maître aussi
justement célèbre , ne trouvaient dans cette détrac-
tion prématurée , qu'esprit de parti , que fanatisme,
ignorance et mauvaise foi.

Ceux qui le voyaient de près souffraient plus
impatiemment encore ces jugemens aveugles , ces
préventions ridicules , ce dénigrement injuste et
décourageant. Le caractère de Piccinni , ses qualités sociales , sa vie simple et retirée , l'agrément et la culture de son esprit , sa philosophie , rare dans les hommes de son art et de
son pays , sa fierté modeste , qui le rendait également incapable de se vanter et de s'avilir ; enfin
tout ce qu'il avait d'attachant comme homme et

comme artiste , ne les disposait pas à voir patiem-
ment tout ce qu'on fesait à l'avance pour armer
l'opinion contre un Ouvrage qui n'existait pas encore. De-là les brocards , les écrits , les pamphlets
pour et contre. Les articles du Journal de Littérature
sur la reprise d'Iphigénie et sur le nouvel opéra
d'Armide , par M. de Laharpe, qui malheureusement.
ne savait pas la musique ; les lettres d'un Anonyme
de Vaugirard, dans le Journal de Paris, par un
autre homme de lettres qui ne la savait pas beaucoup
davantage ; les répliques de l'un et les dupliques
de l'autre ; les attaques et les défenses de quelques
athlètes moins importans , échauffaient les esprits
et mettaient un public déjà médiocrement capable
de bien juger de ces matières , absolument hors
d'état d'en juger sainement. Marmontel , qui était
peut-être encore moins musicien que les deux autres,
voulut ramener les esprits au véritable état de la
question , dans son *Es·ai sur les révolutions de la
musique en France.* Il ne fit que les aigrir davantage ,
et contre lui et contre le paisible auteur de Roland.

Bientôt les répétitions commencèrent: les partisans , les ennemis préparèrent leurs armes. Ceux-ci
paraissaient les plus forts , parce qu'ils étaient les
plus bruyans. Aux approches de la représentation,
ils le devinrent davantage. Piccinni crut sa chûte
inévitable. Voici ce qu'il m'écrivit le jour de la dernière répétition. Je copie fidèlement sa lettre.....
« Je suis bien décidé à mon sort. Il ne me reste
d'autre moyen que de suivre la résolution que j'ai

dans ma tête , et que le diable ne m'ôterait pas (c'était de repartir le lendemain pour Naples). Je vous remercie beaucoup de l'intérêt que vous voulez bien prendre à mon succès , et je vous serai obligé tout le tems de ma vie ; mais il est inutile , mon cher ami , que vous vouliez bien vous chagriner à tel point et combattre avec tant d'ennemis. Ils auront la victoire , et nous succomberons. Tranquillisez-vous , je vous en prie : pour moi je suis bien tranquille , et bien sûr de ma chûte affreuse. Je vous embrasse de tout mon cœur. „

Le jour de la représentation , lorsqu'il partit pour se rendre au théâtre , sa famille ne voulut point l'y accompagner , et fit tous ses efforts pour le retenir lui-même. Des rapports mal-adroits et exagérés y avaient jeté le plus grand trouble. Sa femme et ses domestiques étaient en larmes. Ses amis avaient beau faire , ils ne pouvaient les consoler. Lui seul était calme au milieu de cette désolation générale. C'était un spectacle que je n'oublierai de ma vie. Quand il sortit , les larmes et les gémissemens redoublèrent ; on eût dit qu'il marchait au supplice. A la fin, ému lui-même : « Mes enfans, leur dit-il en italien , pensez donc qu'enfin nous ne sommes pas parmi des barbares. Nous sommes chez le Peuple le plus poli , le plus doux de l'Europe. S'ils ne veulent pas de moi comme musicien , ils me respecteront comme homme et comme étranger. Adieu. rassurez-vous , ayez bonne espérance. Je pars tranquillement, et je reviendrai de même , quel que soit le succès. „

Ce succès fut des plus heureux. L'Artiste fut ramené chez lui comme en triomphe ; et malgré les clabauderies de quelques gens de parti. Roland ne fit à chaque représentation que réussir davantage. Les beautés musicales dont il étincelle, le nombre et la variété des morceaux qui se succèdent rapidement, sans se ressembler et sans se nuire (20), éblouirent en quelque sorte les yeux même de l'Envie, et à la fin lui imposèrent silence. Ils enchantèrent et les connaisseurs et le gros du public, qui laissant là les systêmes, ne cherche au théâtre que des jouissances, et n'y ment point à son plaisir.

Ce dont on parut le plus surpris, ce fut des airs de danse dont la grâce, l'élégance, le caractère piquant et la variété réunirent tous les suffrages. Piccinni n'en avait jamais fait. Il avait pour la danse, même telle qu'elle est en France, sinon de l'éloignement, au moins une grande indifférence ; et l'importance qu'il voyait qu'on donnait parmi nous à cette partie d'un opéra, lui fesait redouter le moment où il lui faudrait s'en occuper. Ce moment vint, et avec lui un véritable supplice. Les deux célèbres maîtres de ballets, Dauberval et Vestris père, ne le quittaient point. Ils en obtenaient tantôt une entrée, tantôt une gavotte, un menuet, une chaconne. Ils ne pouvaient comprendre ni son aversion pour ce travail, ni sa prodigieuse facilité.

Le soir de la première répétition générale des ballets, Mlle Guymard se plaignit de n'avoir point dans la Fête villageoise du troisième acte, un air où elle pût développer toute la grâce de son talent. Vestris, après la répétition, arrive chez Piccinni qu'il trouve fatigué, et qui frémit en le voyant. Il lui dit le motif de sa visite, et lui déclare qu'il a promis en son nom à Mlle Guymard, qu'elle serait satisfaite. Mon cher ami, lui dit Piccinni, vous voulez donc me tuer! Allons, il faut bien m'y résoudre, et vous faire encore de la bergerie, puisque c'est pour une si aimable Bergère.

Mais que fera-t-elle? voyons: montrez-le moi, pour que j'écrive ses pas avec des notes. Alors Vestris se met à figurer une entrée ; il va, vient, retourne, regarde, guette, suspend ses pas, les précipite. Pendant ce tems, Piccinni debout et immobile près de sa cheminée, suit des yeux tous ces mouvemens. Après un certain tems, il fait signe d'une main à Vestris de s'arrêter et de s'asseoir. Il prend du papier de musique, et sur sa cheminée même, sans toucher aucun instrument, sans chanter, sans rien dire, il écrit de suite et toute entière la longue et charmante gavotte du troisième acte, le plus joli air de tout l'ouvrage. Quand il eut noté la partie du chant, il se mit à son forte-piano, et pensa faire perdre la tête à Vestris, en lui exécutant ce qu'il venait de composer en moins de tems, pour ainsi dire, qu'il n'en eût fallu à un copiste pour le noter.

Les hommes insensibles ou injustes qui avaient pris le parti de décrier sa musique, sans rien avoir de ce qu'il faut pour la juger, ni pour l'entendre, se retranchaient dans des comparaisons absurdes, et confondant toujours, ou par malice ou par ignorance, l'effet de la musique avec l'effet du drame, soutenaient que Roland était au-dessous d'Iphigénie et d'Alceste, parce que celles-ci fesaient naître en eux des émotions fortes que l'autre ne leur donnait pas. Ils trouvaient le récitatif sans intérêt, parce que, d'après la nature du sujet, il y avait un intérêt moins profond dans les scènes, et peut-être aussi parce que l'Auteur regardant, selon le systême de l'école italienne, la voix humaine comme le premier des instrumens, et sachant en calculer les forces, ne donnait habituellement à son récitatif qu'un accompagnement très-simple, et ne le soutenait de tout l'orchestre que lorsque l'expression des paroles l'exigeait ; source de nuances délicates et variées qu'on se refuse par la plénitude ininterrompue de la partie instrumentale.

En même tems que Piccinni composait Roland, il avait sur le métier un autre ouvrage ; c'était *Phaon*, pièce dans le genre gracieux, dont Watelet était l'auteur, et qu'il destinait au théâtre italien. Piccinni se délassait de tems en tems à en composer quelques morceaux. Il fut représenté à la Cour la même année, dans un voyage de Choisy, et y fut très goûté ; mais malgré ce succès, on ne put jamais obtenir qu'il fût donné à Paris : c'est dommage ; la pièce était remplie de sentimens délicats et de tableaux agréables ; et l'Auteur de la musique n'a peut-être répandu dans aucun autre de ses ouvrages français plus d'idées brillantes, plus de charme et de fraîcheur.

Il était alors à la Cour dans une sorte de faveur. Il allait régulièrement deux fois chaque semaine à Versailles donner des leçons de chant à la Reine, qui le traitait parfaitement bien. Il est vrai que c'était là tout son salaire, et que pendant près d'une année, il lui en coûta deux fois par semaine dix ou douze francs en frais de voiture, qui ne lui ont jamais été remboursés. Il est vrai encore qu'il offrit à la Reine une partition de Roland magnifiquement reliée, qu'il obtint par elle la permission d'en présenter autant au Roi, autant aux Princes ses frères, à toutes les Princesses de la famille, que la même faveur lui fut accordée dans la suite pour toutes ses autres partitions, et que jamais on ne lui a même fait demander ce que ces belles reliûres lui avaient coûté.

Si un bon accueil est souvent toute la monnaie dont les Princes savent payer les talens, l'Empereur Joseph II, lorsqu'il était venu en France (21), avait prouvé à sa Sœur, au sujet de Piccinni, qu'il était encore plus libéral qu'elle de cette monnaie. Ce trait mérite d'être conservé. L'Empereur fut très-curieux, comme on sait, de voir tous les hommes célèbres que la France possédait alors. Il s'adressa à la Reine pour voir à son aise Piccinni. Elle le manda à Versailles, et lui fit dire d'apporter de sa musique italienne et française. S'étant rendu à l'heure indiquée, il attendait dans un des appartemens le moment d'être admis. Antoinette parut avec son frère, sortant de chez le Roi : lorsqu'elle eut reconnu et nommé Piccinni, Joseph la quitta, alla vers lui, et lui parla pendant plusieurs minutes. Il lui cita avec de grands éloges plusieurs de ses opéra italiens. Piccinni, pour entrer chez la Reine, voulut prendre son porte-feuille qu'il avait déposé sur une table. Joseph le lui ôta des mains : je veux, dit-il, pouvoir me vanter toute ma vie d'avoir porté les productions d'un si grand maître. La Reine chanta quelques airs que Piccinni accompagna. On lui en fit chanter ensuite à lui-même, et l'Empereur finit par demander quelques morceaux de Roland dont les deux premiers actes étaient faits. Plusieurs courtisans étaient là. Ma foi, messieurs, leur dit-il, après en avoir entendu deux ou trois airs, si cette musique là ne réveille pas vos oreilles, elles sont endormies pour toujours.

Vers ce même tems, Piccinni reçut d'un autre étranger un hommage moins flatteur, mais plus solide, ou si l'on veut plus lucratif. Un grand Colonel russe, qui avait près de six pieds, et dont je ne me rappelle pas le nom en *off* ou en *ski* (22), vint à Paris. Il voulut avoir, pour son régiment, des marches de la composition de l'Auteur de la Bonne-Fille. Il n'entendait pas un mot d'italien ni de français. Il se fit conduire chez Piccinni, avec un interprète, et lui exprima son desir. Il lui fallait une marche pour les drapeaux et une pour le pas de charge. Piccinni se fit expliquer par l'interprète quels étaient les tems et les rhythmes des marches russes ; et le Colonel lui ayant fait demander quel jour il pourrait entendre la répétition , afin de donner des ordres pour chercher un local et pour rassembler des instrumens à vent , hautbois, clarinettes, trompettes, fifres, cors , bassons , trombones et deux timballes ; Piccinni, déjà tout effrayé du bruit qu'il allait faire , et voulant s'en délivrer promptement , assigna un terme très-prochain.

Il fut cependant plusieurs jours sans vouloir quitter Médor et Angélique, pour les Kosaques ou les Kalmouks de M. le Colonel russe. Ce ne fut que la veille du jour fixé qu'il put s'y résoudre. Il eut fini dans la matinée et donna sur le champ sa partition à la copie. Tout fut prêt pour le lendemain. L'interprète, aussi ponctuel que lui , vint dès le matin l'avertir que le local qu'avait obtenu M. le Colonel, était la petite salle du magasin de l'Opéra , et que tous les instrumens réunis l'y attendraient à midi précis.

Piccinni s'y rendit avec quelques amis, à qui il recommanda la précaution, qu'il avait prise lui-même, de mettre du coton dans leurs oreilles. Cette salle du Magasin était en voûte , et la résonnance des instrumens y était si forte, qu'on avait été obligé d'y renoncer pour les répétitions de l'Opéra , quoique ce fût pour cet objet qu'elle eût été construite. Dès que le Colonel fut arrivé , on commença le tintamarre. La première marche , quoique passa-

blement bruyante , ne lui fit point d'impression ;
l'on n'en vit du moins aucune trace dans son geste,
dans ses yeux , ni sur son visage. Ses regards erraient
vaguement sur la salle , sur les assistans , sur l'orchestre ; il ne semblait pas s'appercevoir qu'il y
eût là ni timballes , ni trompettes , qui, toutes cependant faisaient très-bien leur devoir. Mais au pas
de charge, l'accélération du mouvement et le redou-
blement du bruit l'avertirent. Ce qui pouvait nous
faire devenir sourds , le fit cesser de le paraître. Il
regarda dès lors uniquement l'orchestre et sourit
en faisant un léger mouvement de tête, comme
pour dire qu'il entendait la chose, et qu'elle lui
plaisait.

Quand cela fut fini , il fit dire à Piccinni , par
son interprète , qu'il était très-satisfait et que jamais
aucune musique ne lui avait fait autant de plaisir.
Il l'emmena dîner à son auberge , lui fit faire très-
bonne chère , et le renvoya le soir dans sa voiture ,
après lui avoir fait remettre (c'est ce qu'il y eut
de mieux dans cette affaire) deux rouleaux de cinquante louis.

Piccinni , qui avait encore toute sa gaîté napoli-
taine , rentra chez lui en riant aux éclats. Il déroula
son or, et le jetant par poignées : tenez, dit-il à
sa famille, profitez du bien qui m'arrive : il n'est
pas juste que je garde pour moi seul ce qui m'a
coûté si peu de peine. Il plaisanta beaucoup sur
ce qu'il appelait sa matinée russe. Ah ! ah ! disait-
il , messieurs les Français ! prenez garde à vous ,

et ne me tracassez plus , comme vous faites ; ou je vous plante là ; je pars pour Pétersbourg . je me fais nommer , par le crédit de mon Colonel , Compositeur des camps et armées de l'Impératrice : je ferai deux marches pour chacun de ses régimens ; à un régiment par matinée , dans quatre ou cinq mois ma fortune sera faite , et je me moquerai de vous.

Cependant la guerre lyrique était dans toute sa force. Une brochure intitulée , *Entretiens sur l'état actuel de l'opéra de Paris* , lui donna un nouveau degré de violence et d'âcreté. Gluck y était critiqué et Piccinni exalté , tous deux outre mesure (23). Les enthousiastes de l'un et les ennemis de l'autre n'en gardèrent plus ; ce fut un déchaînement général (24). Berton, alors directeur de l'Opéra, essaya d'appaiser les partis en réconciliant les chefs. Il donna un grand souper où Gluck et Piccinni , après s'être embrassés , furent placés l'un près de l'autre. Ils causèrent pendant tout le repas avec beaucoup de cordialité. Au dessert, Gluck en bon Allemand un peu échauffé par le vin , se mit en train de franchise, et parlant de manière à être entendu de tout le monde: «Les Français, dit-il, sont de bonnes gens , mais ils me font rire; ils veulent qu'on leur fasse du chant , et ils ne savent pas chanter. Mon cher ami , vous êtes un homme célèbre dans toute l'Europe. Vous ne pensez qu'à soutenir votre gloire : vous leur faites de la belle musique ; en êtes-vous plus avancé? Croyez-moi , c'est à

gagner de l'argent qu'il faut songer ici, et non à
autre chose (25). Piccinni lui répondit poliment
qu'il prouvait, par son exemple, qu'on pouvait
s'occuper en même tems de sa gloire et de sa fortune. Ils se séparèrent comme ils s'étaient accueillis,
et il n'y a nul doute que leurs démonstrations ne
fussent sincères; mais la guerre dont ils étaient le sujet
n'en continua pas moins; et l'on put bien dire d'eux,
à certains égards, ce qu'on a dit d'un célèbre Chef de
faction politique : les deux hommes qui paraissaient
être le moins de leur parti, c'étaient eux-mêmes.

Quand les mêmes gens qui, avant la représentation de Roland, soutenaient que cet opéra ne vau-
drait rien, surent que Piccinni commençait un autre
grand ouvrage, ils prétendirent que Roland était et
serait toujours son chef-d'œuvre ; que là il y avait
des peintures douces et champêtres, assorties à son
talent et aux couleurs de la musique italienne, mais
que dans *Atys* il devrait s'élever jusqu'au tragique,
où il était incapable d'atteindre ; qu'il avait bien fait
parler une reine, un page, et même un chevalier;
mais qu'il fallait une autre lyre que la sienne pour
faire parler les Dieux. Il laissa dire les malveillans,
et montant sa lyre docile au ton qu'exigeait la nature du nouveau sujet qu'il avait à traiter, il se
mit à en tirer les chants divins d'Atys et de Sangaride.

Mais il ne put se livrer à cet ouvrage avec la
même suite et la même assiduité qu'il avait mise
à Roland. Bientôt même il l'interrompit tout-à-
fait. Une troupe de Bouffons italiens appelée en

France, avait été réunie à l'Opéra, union mal assortie qui les empêcha toujours de réussir autant qu'ils l'auraient fait sur un autre théâtre. L'entrepreneur de ce spectacle avait confié à Piccinni la direction de cette troupe, quant à la partie musicale. Il tenait le clavecin aux premières représentations. Les leçons qu'il donnait à quelques-unes des *Signore Buffe*, les répétitions, les morceaux que dans chaque opéra il composait à la place de ceux qui se trouvaient trop faibles dans la partition, tout cela lui prenait beaucoup de tems ; et ses amis crurent, après plus d'un an d'attente, que c'était ce qui l'avait forcé d'interrompre Atys , et ce qui l'empêchait de le reprendre.

On s'aperçut quelque tems après qu'il travaillait secrètement. Pendant plus de trois mois, enfermé tous les matins, il ne recevait plus personne ; et lorsque dans le reste du jour on mettait la conversation sur ses occupations matinales , il la détournait adroitement.

Sur ces entrefaites, on annonça que Gluck revenait à Paris pour donner au théâtre Iphigénie en Tauride. Je dois placer ici une anecdote qui n'est connue que de moi et du peu de personnes qui y prirent part. Je leur demande pardon de cette révélation nécessaire ; elle importe à l'histoire de l'art, et j'éviterai, autant qu'il me sera possible, ce qui pourrait les blesser.

Lorsque Piccinni se fut assuré de l'arrivée de Gluck et de l'objet de son voyage, il me prit un jour à part, me mena dans son cabinet et me dit :

Mon ami, je suis très-malheureux ; on n'a ici ni bonne-foi, ni fidélité à sa parole : écoutez ce qui m'arrive. Là-dessus il me raconta qu'environ six mois auparavant l'entrepreneur de l'Opéra l'avait prié de passer chez lui, et lui avait dit qu'il souffrait depuis long-tems des injustices qu'il lui voyait éprouver, et qu'il voulait enfin lui procurer une occasion éclatante de se montrer avec tous ses avantages. Tenez, ajouta-t-il, voilà un excellent poëme que je vous propose de mettre en musique, c'est *Iphigénie en Tauride*. M. Gluck en fait une autre, et c'est pour le coup que le public impartial pourra décider entre vous. On verra, comme en Italie, deux maîtres composer le même ouvrage : c'est un usage que je veux introduire en France. — Mais, monsieur, il faudrait pour cela que ce fût le même poëme. — Ce n'est pas tout-à-fait le même poëme, mais c'est le même sujet, le même plan, et vous pouvez vous en rapporter à moi du choix que j'ai fait pour vous. — Vous n'ignorez pas, monsieur, les préventions, et même les haines qui existent contre moi, sans que j'y aie donné lieu. Si l'Iphigénie en Tauride de M. Gluck était entendue la première, on ne voudrait plus entendre la mienne. — Je vous donne ma parole que votre ouvrage sera mis au théâtre avant le sien ; donnez-moi là vôtre à votre tour que vous ne parlerez de ceci à personne, pas même à vos plus intimes amis : vous y êtes intéressé vous-même : pour que ce concours tout nouveau produise l'effet que j'en attends, il ne faut pas que qui que ce soit en ait le moindre soupçon. Travaillez en toute sûreté. Je me suis assuré par moi-même, et par l'examen des gens de lettres du meilleur goût, que ce Poëme est un très-bel ouvrage. Commencez à y travailler tout de suite; comptez sur la parole que je vous donne de le faire représenter avant celui de M. Gluck : j'attends la vôtre sur le secret que j'exige.

Je ne crus pas, continua Piccinni, pouvoir la refuser. Je lui demandai seulement à lire le Poëme. Je passai une heure à le parcourir. Je n'entends pas encore assez les finesses de vôtre langue pour savoir s'il est bien écrit; mais le sujet me plut beaucoup. Je crus y voir de belles scènes, et l'irrégularité même des vers dans les morceaux destinés au chant me parut devoir fournir l'occasion de prouver que l'on peut faire sur des vers inégaux et irréguliers des chants qui aient toute la régularité que l'art exige. Frappé de cette considération, ému par l'intérêt du sujet, et me fiant aux précautions qu'on me disait avoir prises, je donnai ma parole, et je n'y ai manqué de ma vie.

Depuis plusieurs mois je travaille dans le mystère. La pièce est en quatre actes : j'ai fini les deux premiers. Je les ai faits avec tout le soin dont je suis capable. J'allais commencer le troisième, quand j'ai appris qu'on donnerait incessamment l'Iphigénie en Tauride de M. Gluck. J'ai été trouver l'Entrepreneur de l'Opéra. Je lui ai rappelé sa promesse. Il m'a répondu qu'il était bien fâché, qu'on lui forçait la main ; qu'il avait des ordres de la Reine. Je n'en ai pu tirer autre chose. Voilà, mon ami, la position cruelle où je suis. Que dois-je faire ? Je ne puis me résoudre à perdre ce travail. J'y ai mis un caractère nouveau, et qui ne ressemble à celui d'aucun autre de mes ouvrages. J'aime ce sujet ; il me passionne, il me touche. Voyez le Poëme, et dites-moi sincèrement votre avis. Le tour qu'on me joue m'en fait craindre un autre qui serait encore plus cruel. Lisez, et tirez-moi d'inquiétude.

Il sortit et me laissa seul avec le manuscrit. J'étais moi-même fort inquiet. J'ouvre, je parcours : j'ose à peine en croire ce que je lis. Je reprends, je lis de suite : je perds patience au troisième acte. J'appelle Piccinni ; je lui dis nettement qu'il faut renoncer à cet ouvrage ; que le plan, le style, les caractères, tout est détestable. — Mais ne peut-on pas corriger ? — Il faudrait tout refaire. — Eh bien ! refaites, mon ami : tâchez seulement de conserver ce que vous pourrez des deux premiers actes dont toute la partition est achevée. Corrigez sous la musique, et pour les deux derniers, refondez-les en entier s'il le faut ; j'aurai l'agrément de l'Auteur pour tout ce que vous aurez fait. Je voulus y être autorisé d'avance par l'Auteur lui-même. Après quelques résistances, j'eus de lui carte blanche pour faire à son Poëme toutes les corrections et additions qui me paraîtraient nécessaires.

Pendant que j'y travaillais, et que l'on donnait, avec des succès très-divers, sur le théâtre de l'Opéra l'*Iphigénie en Tauride* de Gluck et son *Narcisse*, Piccinni, pour se consoler du chagrin que lui avait causé cette affaire, se remit à composer *Atys*, qui fut achevé et mis au théâtre au commencement de 1780. Lorsqu'il parut, en dépit des pronostics de la malveillance, il fut aisé d'apercevoir dans la tendresse et la douleur d'Atys et de Sangaride, dans la colère de Cybèle, et sur-tout dans l'enchantement des Songes envoyés par Morphée, une élévation de pensées et de style, une simplicité noble et grande, qui furent, aux yeux des connaisseurs, le cachet imprimé par le génie du Maître sur ce nouvel Ouvrage, et qui le placèrent, dans leur opinion, peut-être au-dessus du premier (26).

Le parti très-fort et très-actif qui s'était formé contre Piccinni, dans le public, dans les journaux, dans l'orchestre et parmi les Sujets de l'Opéra, ne fut point de cet avis. La première représentation fut médiocrement exécutée et assez froidement reçue. On entendit fort mal le *Sommeil* et le Chœur des Songes : les mouvemens du parterre, qui était debout, et les rhumes de commande couvrirent les instrumens et les voix. On l'écouta, on le goûta mieux aux représentations suivantes ; mais ce bel Ouvrage n'eut un succès véritable que lorsqu'il fut repris trois ans après (27).

Cependant les changemens qu'exigeait l'*Iphigénie en Tauride* que Piccinni avait si imprudemment commencée, étaient prêts. Il est inutile que j'ajoute aux détails que j'ai déjà donnés, ceux que je pour-

rais donner encore ; que je dise comment, lorsque
j'eus fini le troisième acte, lorsque Piccinni en eut
achevé la musique, l'Auteur prétendit que j'avais
outrepassé mes pouvoirs ; comment il voulut dé-
faire tout ce que j'avais fait, et tout culbuter de
nouveau, paroles et musique. Nouveau travail pour
le Compositeur, dont la douceur naturelle l'empêcha de tenir tête à cet orage de l'amour-propre.
Cependant en cédant sur le reste, il tint bon pour
les airs, et pour tous les morceaux de musique (28) ;
en refaisant le dialogue, l'Auteur suivit au moins
la nouvelle coupe des scènes, et ce troisième acte,
tel qu'il est, n'a pas nui au succès de l'ouvrage.

Tous les défauts qui restaient encore dans le
Poëme, la supériorité très-marquée de celui qui avait
été donné à Gluck (29), l'enthousiasme qu'avait
excité cet opéra, les efforts d'une cabale des plus
actives, et les préventions d'une partie du public en
faveur de la première *Iphigénie en Tauride*, ne purent
empêcher que la première représentation de celle
de Piccinni, donnée en 1781, ne réussît au-delà
de ses espérances. La mélodie pure, délicieuse,
pénétrante de tous les airs du rôle d'Iphigénie
(30), les deux airs terribles et pathétiques d'O-
reste (31), dont le second est immédiatement suivi
de l'air divin de Pilade, *Oreste ! au nom de la
patrie* ; le trio si expressif et si largement dessiné
entre la sœur, le frère et l'ami ; les chœurs mélodieux, plaintifs, religieux des prêtresses de Diane,
et sur-tout l'admirable chœur contrasté des Sau-

vages de la Tauride qui s'excitent à immoler deux
victimes humaines, et de ces mêmes prêtresses qui
cherchent à fléchir par leurs voix touchantes, non
ces barbares inflexibles, mais les Dieux dont le
courroux s'annonce par le fracas du tonnerre ; tous
ces morceaux d'un genre neuf et d'un effet sublime,
liés entr'eux par un récitatif, plein de naturel,
d'expression et de noblesse, forcèrent les applaudissemens, entraînèrent les suffrages, et décidèrent
le succès.

Il fallait que la seconde représentation le confir-
mât et l'affermît. Un accident incroyable vint ajouter à tous les chagrins que cet Ouvrage avait déjà
donnés à son Auteur. Mlle. Laguerre, pour laquelle
il avait fait le beau rôle d'Iphigénie, à qui il avait
eu la patience de l'enseigner pendant plusieurs mois,
et dont la voix si belle et si touchante, ne brillait
dans aucun autre rôle avec les mêmes avantages,
Mlle. Laguerre, en entrant sur le théâtre à la première scène, chancelle, balbutie, paraît ivre, et l'on
reconnaît bientôt qu'elle l'est en effet, à ne pouvoir se soutenir. Jugez de la situation du malheureux Piccinni lorsqu'il s'en aperçut et lorsqu'il vit
que tout le monde s'en apercevait ; lorsqu'il entendit circuler jusqu'à sa loge ce mot plaisant en
soi, mais fort peu plaisant pour lui : *c'est Iphigénie
en Champagne.* Elle ne perdit cependant pas tout-
à-fait la tête, et tout en chantant et en balbutiant,
elle se traîna jusqu'à la fin, sans se tromper jamais
dans son rôle, sans manquer ni à la mesure, ni

aux rentrées, mais au travers des murmures, des brocards et des ris que le parterre et les loges ne pouvaient quelquefois retenir dans des endroits, où, sans ce misérable état, elle leur eût arraché des larmes.

Malgré cet échec, *Iphigénie en Tauride* soutint vingt représentations de suite, et elle en aurait eu bien davantage si on ne l'eût retirée subitement, sans raison, et quoique la recette ne fût point encore tombée au-dessous de 3,000 liv. Ce sont là de ces injustices qu'on trouve plus invraisemblables à mesure qu'on s'éloigne du tems où elles ont été faites ; injustices, dont à chaque opéra qu'a donné ce grand maître, on a pris à tâche de l'accabler ; qu'il souffrit toujours sans se plaindre, ou dont il se plaignit inutilement ; et dont il se consolait en commençant promptement un nouvel ouvrage.

Parmi tous les dégoûts dont on se plaisait à l'abreuver et les peines domestiques qui venaient souvent l'assaillir, il composa et fit représenter la même année, 1781, son *Adèle de Ponthieu*, le plus faible de ses ouvrages français, quoique dans plusieurs morceaux on retrouve sa verve, l'originalité de son style et les grâces de son chant (32).

Cet opéra chevaleresque eut peu de succès. Il avait été autrefois mis en musique par M. de la Borde, auteur de l'*Essai sur la Musique*. Le ballet de Médée avec lequel il fut mis au théâtre, y avait attiré l'affluence. Peu s'en fallut que M. de Saint-Marc, auteur du Poëme, se souvenant de l'affluence, mais ayant oublié le ballet, ne conclût du froid accueil fait cette fois à sa chevalerie, que la musique de la Borde valait mieux que celle de Piccinni.

Iphigénie en Tauride et Narcisse, furent les deux dernières productions de Gluck. Il vécut encore plusieurs années à Vienne, où il jouit paisiblement de sa réputation et de sa fortune. Nul musicien ne reçut en France plus d'honneurs, n'excita un plus grand enthousiasme, n'opéra une plus grande et plus utile révolution. Ce n'est pas ici le lieu d'examiner ses ouvrages, consacrés par une longue admiration, ni de hasarder un jugement sur ces fruits de son génie. Ce jugement serait loin peut-être de celui qu'ont porté ses aveugles partisans, mais il le serait aussi des décisions injustes et tranchantes de ses détracteurs. Au lieu de prononcer moi-même dans un sujet où je parviendrais difficilement à me faire croire impartial, j'aime mieux rapporter le sentiment d'un écrivain très-éclairé, qui ne pouvant avoir ni pour ni contre Gluck, ni pour ni contre Piccinni, de prévention nationale ou particulière, ne doit être suspect à aucun parti.

« Les opéra du chevalier Gluck, dit le célèbre docteur Burney, dans son Histoire générale de la musique, étant conformes au génie de la langue, et flattant le goût national, furent reçus avec acclamation. Ce fut une préparation excellente à un meilleur style de composition que celui auquel les Français avaient été habitués. Comme le récitatif était plus rapide , et les airs plus marqués que dans Lulli et Rameau , il y avait aussi plus de feu , plus d'énergie et de variété de mouvement dans ses airs en général, et infiniment plus de force et d'effet dans l'expression de la douleur, de la crainte , du remords , de la vengeance , et de toutes les passions violentes.

,, La musique de Gluck est si véritablement dramatique , que ses airs et ses scènes , qui font le plus grand effet au théâtre , sont froids et rudes dans un concert. La situation, la liaison , l'intérêt graduellement excité dans l'auditoire , leur donnent leur force et leur énergie.

,, Il paraît être tellement devenu pour la France un musicien national , que depuis les plus beaux jours de Rameau , aucun Compositeur dramatique n'avait excité autant d'admiration, ni vu représenter si souvent ses ouvrages. Les Français , susceptibles d'enthousiasme pour la musique en général, écoutent avec un grand ravissement les opéra de Gluck, et les ennemis même de ce genre y reconnaissent un grand mérite à certains égards. Mais quoiqu'il y ait réellement beaucoup de génie et un mérite intrinsèque dans les compositions dramatiques de ce maître , la conformité de son style avec celui des anciens Compositeurs nationaux , Lulli et Rameau, n'était pas un petit mérite auprès des amateurs de cette musique.

,, C'était à Paris un cri presque universel qu'il avait retrouvé la musique dramatique des anciens Grecs, qu'il n'y avait pas un autre musicien digne d'être entendu , qu'il était le seul en Europe qui connût les moyens d'exprimer les passions : ces éloges et d'autres encore , préparatoires de son apothéose , étaient publiés et répétés dans les journaux et les papiers-nouvelles de Paris , et y étaient constamment accompagnés des censures les plus méprisantes de la musique italienne, quand M. Piccinni arriva.

„ Cet admirable Compositeur, les plaisirs et l'orgueil de Naples , comme Gluck l'était de Vienne , n'eut pas plutôt paru en France , que tous les amis de la musique italienne , de la doctrine de Rousseau , et du plan , si ce n'est du langage des drames de Métastase , se rangèrent de son parti. La guerre fut déclarée , et tout Paris était sur le *qui vive :* dans les visites , la porte ne s'ouvrait à personne qu'on ne lui demandât : Monsieur , êtes-vous Piccinniste ou Gluckiste ?

„ Ces disputes , celles des critiques en musique , et des artistes rivaux dans tout le royaume , me semblent avoir gâté et diminué le plaisir qui naît de la musique , à mesure que l'Art s'est avancé vers la perfection. Quand chaque phrase ou chaque passage dans une composition musicale doit être analysé et disséqué pendant l'exécution , tout le plaisir et l'enthousiasme s'évanouissent , et le tout devient un froid morceau de mécanique. Il est certainement nécessaire pour les professeurs d'étudier et de se rendre familières les règles fondamentales de leur art ; mais je conseillerais aux véritables amateurs de mu-

sique d'écouter plus que d'apprendre , de donner
un libre cours à leurs sensations, de ne pas perdre
en recherches oisives sur la nature et l'exactitude de
leurs sensations auriculaires , le plaisir que doivent
donner la mélodie, l'harmonie et l'expression. »

M. Burney a raison : mais tout ce qu'on peut
dire de plus raisonnable à cet égard, sera toujours
sans force dans un pays où le sentiment des arts est
moins vif que le penchant aux discussions polémiques. Elles étaient alors dans leur plus grande activité. La première et la plus importante partie de la
révolution musicale était faite : l'ancienne musique
française était entièrement proscrite ; il était impossible désormais d'oser hasarder sur le théâtre aucun
des anciens opéra qui avaient tenu bon contre l'Italie
avant ceux de Gluck ; mais l'enthousiasme exclusif
pour le premier auteur de cette révolution heureuse
s'opposait à son achèvement.

Piccinni resté seul pour cette grande entreprise ,
reçut bientôt un puissant renfort , et vit en même
tems paraître un rival digne de lui, dans le plus célèbre de ses compatriotes. Sacchini était depuis 1774
à Londres , où il avait donné , avec des succès
constans , dix grands opéra italiens (33). Il desirait
de composer pour la France , et les amis de l'Art
desiraient encore plus de l'y voir.

Il y fit , sans être attendu , un voyage en 1787.
Piccinni était alors retiré dans une petite maison de
campagne , au village de Bagnolet , avec toute sa
famille (34). Sacchini alla l'y surprendre. Ils ne

s'étaient pas vus depuis près de dix ans. L'étonnement fut le premier effet que produisit sur Piccinni cette apparition subite ; mais, ensuite il sauta au col de son ami : ces deux hommes célèbres, transplantés si loin de leur patrie, se tinrent long-tems embrassés ; et Piccinni, au souvenir de leur enfance et des plaisirs de leur jeunesse, voyant sur la belle figure de Sacchini l'empreinte qu'y laissaient des souffrances habituelles et les traces prématurées du tems, ne put retenir ses larmes.

La journée se passa dans les épanchemens d'une mutuelle amitié. Sacchini voulut entendre quelques morceaux d'Adèle, que Piccinni composait alors. Il en parut enchanté, et répétait souvent, après les avoir entendus, ces deux mots : *sempre nuovo, sempre nuovo.* La partition d'Atys se trouva sur un pupître ; ils la parcoururent ensemble (35) : Sacchini relut deux fois le monologue d'Atys au second acte, le Sommeil et le Chœur des Songes qui le suit : *Tu sei*, dit-il, en se levant, *e tu sarai sempre il nostro gran Piccinni :* tu es et tu seras toujours notre grand Piccinni.

Les arrangemens qu'il desirait ne s'étant pas faits, il retourna en Angleterre, d'où il revint l'année suivante, avec un engagement pour composer trois opéra français. Il choisit *Renaud* pour son début. Lorsqu'il en eut achevé la musique, il trouva dans ceux même qui l'avaient jusqu'alors comblé de prévenances et d'éloges, des sujets de mécontentement qu'il n'avait pas prévus. On voulut examiner

sa partition avant de la faire copier. On conçoit à
peine cet excès de présomption. Ce qui est plus inconcevable encore, c'est que la décision des examina-
teurs fut que, par intérêt pour la gloire de Sacchini
lui-même, il ne fallait point donner son ouvrage.

Quand il fut enfin parvenu à lever tous ces obstacles, et que le jour de la première répétition fut
fixé, intimidé par les mauvaises dispositions qu'on lui
avait montrées, il invita par un billet Piccinni à s'y
rendre. Celui-ci n'y manqua pas. Il arriva de bonne
heure, monta sur le théâtre, et prenant Sacchini
par la main, il le conduisit vers l'orchestre. « Messieurs, dit-il aux musiciens, je vous présente un
grand maître, qui est mon meilleur et mon plus
ancien ami. Je vous prie d'avoir pour lui les mêmes
égards que vous auriez pour moi ; j'en aurai la
même reconnaissance. » Ce discours et la figure
noble et intéressante de l'auteur de Renaud, pré-
vinrent favorablement l'orchestre. La beauté de sa
musique fit le reste ; et les prétendus docteurs qui
l'avaient si mal jugée, furent obligés dès-lors de
reconnaître que ce n'était pas la gloire de Sacchini
qui était compromise (36).

Un succès mérité le vengea des tracasseries qu'il
avait éprouvées ; mais le parti qui avait voulu
l'abattre, n'ayant pu y réussir, entreprit de le faire
servir du moins à abattre Piccinni. Quoique Renaud
soit absolument du même style que les ouvrages
italiens de Sacchini, qu'on y reconnaisse peut-être
même un peu trop, dans plusieurs morceaux, les

tours accoutumés et le faire habituel de ce Maître, on dit, on écrivit qu'il avait eu le bon esprit de changer sa manière, qu'avec autant de chant et de grâce que son compatriote et son rival, il était beaucoup plus dramatique; qu'enfin, pour comble d'éloges, il ressemblait beaucoup plus dans cet Ouvrage à Gluck qu'à Piccinni. Qu'il fût ou non flatté de ce jugement, on ne s'en tint pas là : de faux amis lui persuadèrent que Piccinni avait fait contre lui une forte cabale, tandis que d'autres gens de la même trempe répétaient sans cesse à Piccinni, que Sacchini ne perdait aucune occasion de lui nuire et de mal parler de lui. On ne réussit que trop facilement à les brouiller, à brouiller les amis de l'un avec les amis de l'autre, et à faire deux partis faibles de ce qui pouvait en former un très-fort.

La reprise d'Atys, donnée au commencement de 1783, devait en augmenter les forces. Il fut remis avec beaucoup de soin. Le dénouement qui avait paru trop lugubre, fut changé. Les ballets, dont les airs sont charmans, furent composés avec plus d'intelligence; mais de tous ces heureux changemens, le plus heureux fut que Mad. St-Huberty prit le rôle de Sangaride. C'est à Gluck et à Piccinni que l'Opéra dut cette fameuse Actrice ; l'un la produisit sur ce théâtre, l'autre l'empêcha d'en sortir. La première fois qu'elle parut à une répétition d'Armide, où Gluck qui l'avait fait recevoir dans les chœurs, lui donna un petit rôle de coryphée, elle était vêtue de noir, et arrangée comme une femme qui arrivait d'Allemagne. On lui trouva l'air de Madame la Ressource. Messieurs, Messieurs, dit Gluck, cette Madame la Ressource sera un jour votre ressource.

C'est dans l'acte d'Ariane (37) qu'elle fut pour la première fois chargée d'un rôle principal. Le succès qu'elle y obtint, excita contre elle toutes les petites passions des coulisses. On était prêt à la renvoyer de l'Opéra. Piccinni seul la soutint. Il rappela à ceux qui étaient alors les puissances de cet État, le mot plaisant et sensé de Gluck; il leur prédit qu'en effet ils auraient bientôt besoin d'elle, et qu'ils seraient trop heureux de l'avoir. Le choix qu'il fit d'elle pour le rôle intéressant de Sangaride, et la manière supérieure dont elle en rendit non-seulement les airs, mais les scènes, mirent tout le public de son parti, et la fixèrent sur ce théâtre, dont elle a pendant dix ans fait la gloire.

La guerre musicale, qui était comme assoupie depuis quelque tems, sembla se réveiller à ce succès d'Atys. L'article de l'Opéra dans le Mercure était fait alors par un Homme de beaucoup d'esprit, qui avait pris une part très-active dans cette guerre, surtout en 1777, par les lettres d'un *Anonyme de Vaugirard*. On craignit que le compte qu'il rendrait, et le tour même qu'il donnerait à ses éloges, ne se sentissent des opinions qu'il avait trop ouvertement professées. On pria un autre Homme de lettres, qui avait aussi figuré dans cette guerre, sous le nom de *Mélophile*, de se charger de cet article. Il dit beaucoup de bien de la musique d'Atys, parce qu'il y en avait beaucoup à dire. L'irascible Anonyme trouva cela mauvais, et dans le numéro suivant du Mercure il le régenta durement. Mélophile est bon homme ; ceux qui se souviennent encore de ces petits combats, et qui connaissent les acteurs, savent que je puis en répondre ; mais il se trouvait dans le cas d'une défense légitime ; il riposta par une lettre assez vigoureuse, qui mit les rieurs et les raisonneurs de son côté, et qui termina la querelle.

Ce que je puis dire encore, et ce que je sais mieux que personne, c'est l'indifférence que montra Piccinni pour ces publications polémiques. Il ne voulut même pas lire les articles du Mercure, et quant à la Lettre qui lui fut envoyée par l'auteur : « mon ami, lui répondit-il, je vois que vous savez très-bien la musique, et que vous écrivez très-bien ; mais je vois aussi que vous avez beaucoup de tems à perdre. »

On voit combien avec un tel caractère il avait fallu mettre d'art et de suite pour le brouiller avec Sacchini. La Cour donna à leurs rivalités une activité nouvelle, en demandant pour les spectacles de cette même année, à Fontainebleau, un Opéra de chacun de ces deux maîtres. Piccinni choisit *Didon*, et Sacchini *Chimène*. Sacchini fut le premier prêt. On commença par le répéter aussi-tôt qu'il fut possible. Toutes les préventions étaient alors pour lui : l'orchestre, les acteurs, l'administration de l'Opéra le portaient aux nues. Chimène, dès

les premières répétitions, passa pour un chef-d'œuvre, et c'en était un en effet. Piccinni commença
tard son ouvrage. Il était à Mereville, chez M.
Delaborde (38), occupé de l'éducation musicale de
ses deux filles, dont l'une joignait à une voix très-
belle, les plus heureuses dispositions. Je le vis arrivant de cette campagne, partir pour celle de Marmontel (39), où Didon l'attendait depuis deux mois;
et je le vis revenir dix-sept jours après avec la partition toute entière, mais dont le chant seul et la basse
étaient notés. Je passai une matinée délicieuse à la
parcourir avec lui. Les larmes me coupaient la voix.
Souvent il pleurait lui-même; nous nous arrêtions
tous deux. Enfin, dans la belle scène du 3ᵉ acte qui
précède le Chœur des prêtres de Pluton, il fondit
en pleurs: il me disait en sanglottant: ,, c'est comme
,, cela que je viens de passer quinze jours. Même
,, quand je ne composais pas, je ne fesais que
,, pleurer en pensant à Didon : je me disais sans
,, cesse : la pauvre femme ! ,,

Voilà, n'en doutons point, le secret de cette sensibilité profonde qui domine dans cet admirable
Ouvrage, et des larmes qu'il a fait verser. Jamais il
n'y eut d'application plus juste de ce précepte :

> *Si vis me flere, dolendum est*
> *Primum ipse tibi.*   HOR.
>
> Pour me tirer des pleurs, il faut que vous pleuriez.
>   BOILEAU.

Piccinni repartit le lendemain pour Mereville,
ayant à remplir toute sa partition. Il envoya chaque

semaine un acte complet à la copie. Ainsi dans moins de six semaines, Didon entière fut composée, chant et accompagnemens. Je l'ai vu ; il faut bien que je le croie.

Les premières répétitions n'eurent pas le moindre succès, tandis que celui de Chimène semblait s'accroître chaque jour. On trouvait Didon faible, traînante, ennuyeuse comme la mort : ce devait être le tombeau de son Auteur : ses amis auraient bien dû lui conseiller de retirer cet Ouvrage ; mais aux dernières répétitions, madame Saint-Huberty, qui revenait d'un voyage en province, ayant donné à ce beau rôle de Didon, l'expression et la vie qu'avait à peine fait deviner l'actrice qui l'avait répété jusqu'alors, la pièce parut toute autre (40). Acteurs, spectateurs, accompagnateurs, administrateurs, amis, ennemis, tous furent électrisés, tous émus jusques aux larmes ; et Didon prenant enfin dans l'opinion le rang qui lui était dû, ceux qui avaient tant exalté Chimène, commencèrent à craindre que, loin d'enterrer sa rivale, comme ils le disaient d'abord, elle n'eût de la peine à se soutenir auprès d'elle.

Ce fut justement ce qui arriva. Quoique fort protégée à la Cour, elle n'y eut qu'un succès médiocre. Didon en eut un dont il y avait peu d'exemples. Chacune devait être représentée deux fois : Chimène ne soutint qu'une représentation : Didon en eut trois, et ce qu'il y eut de particulier, c'est que ce fut par l'ordre exprès du Roi, qui n'avait jamais pris goût à aucun ouvrage en musique, et qui,

après avoir entendu une répétition et deux représentations de Didon , voulut absolument en entendre une troisième.

Ce même voyage fut marqué par un autre succès
de Piccinni. *Le Dormeur éveillé*, opéra-comique
en trois actes, représenté par les Comédiens italiens , et dont le Poëme était aussi de Marmontel,
obtint à ses deux représentations, je ne dirai pas
de vifs applaudissemens, car on n'applaudissait point
au théâtre de la Cour (usage glacial et très-digne
d'entrer dans l'ensemble des étiquettes monarchiques),
mais tous les autres signes d'approbation qu'on pouvait s'y permettre. Le style vif, piquant, ingénieux,
tantôt gracieux et touchant , tantôt comique et même
bouffon de cette musique , faisait avec celui de la
musique de Didon , un contraste qui fut univer-
sellement senti. On admirait avec raison cette fécondité , cette inépuisable variété d'idées musicales et
cette souplesse de talent qui se pliait , presque dans
le même tems , à tous les genres et à tous les tons.

Marmontel , dont le systême dans ses pièces en
musique , était de servir le Musicien, et qui , on peut
le dire, y a mieux réussi qu'aucun autre de nos Poëtes,
l'avait beaucoup trop bien servi dans cette pièce.
Piccinni , entraîné par le plaisir de produire, ne
s'en aperçut pas. Il prodigua les richesses de son
imagination et de son art ; mais sa partition devint d'une grosseur énorme ; et l'on s'aperçut aux
répétitions qu'il faudrait pour l'entendre au moins
le double du tems qu'on lui pouvait accorder. L'o-

pération à faire était simple. Il n'y avait qu'à retrancher la moitié des morceaux de musique. Cela lui
fut proposé avec cette simplicité ; lui , qui tenait
beaucoup à bien faire , mais qui tenait fort peu
à ce qu'il avait fait, y consentit de même , et perdit
ainsi sans murmure le fruit de plusieurs mois de
travail. Il pria seulement le Poëte de l'épargner une
autre fois et de prendre un peu mieux ses mesures.

Le succès de Didon fut le même à Paris qu'à
Fontainebleau. L'enthousiasme croissait à chaque
représentation. Madame Saint-Huberty se montra
l'égale des plus grandes actrices. Le public lui dé-
cerna une couronne. Il fut reconnu enfin qu'un
Italien pouvait faire de la musique dramatique ; et
cette fois encore les Français prirent l'effet du Poëme
pour celui de la musique. Didon fait plus d'impression que Roland et Atys , non que la musique
soit ni meilleure , ni même d'un autre style ; mais
parce que dans ce dernier ouvrage , comme dans les
deux premiers , elle est ce qu'elle devait être ; parce
que, ayant à rendre des sentimens profonds, une passion ardente et malheureuse , et le dernier degré des
infortunés de l'amour, l'Auteur a trouvé les couleurs
propres à ce tableau, comme il avait trouvé celles
qui convenaient à des peintures moins sombres et
moins passionnées. Il n'a ni exagéré les unes , ni
affaibli les autres. Ce qu'il y a de certain , ce qui
détruit comme un vain fantôme tout le système
anti-musical par lequel on voudrait établir que pour
être théâtrale , la musique ne doit être ni périodi-

que, ni soumise aux lois d'une mélodie régulière,
c'est que dans aucun de ses opéra, Piccinni n'a
employé plus de beaux airs, plus de motifs déve-
loppés, plus de périodes arrondies que dans Didon,
que l'on regarde comme le plus dramatique de tous.

Quoi de plus régulier, de plus conforme à toutes
les lois du chant périodique, que le premier air du
rôle de Didon : *Vaines frayeurs ! Sombres présages !*
et le second, où respire la fierté d'une Reine et
de l'amante d'un Héros, *Ni l'amante ni la Reine ne
veut fléchir sous sa loi ;* et cet amoureux cantabile
du second acte : *Ah ! que je fus bien inspirée*, l'un des
airs les plus expressifs et en même tems les plus ar-
rondis qu'on ait entendus sur ce théâtre; et cet autre
air, où sont si fidellement rendues les agitations et les
inquiétudes de l'amour : *Hélas ! pour nous il s'ex-
pose* (41) ; et ce chant mélancolique par lequel Énée
ouvre le second acte : *Au noir chagrin qui me dévore !*

Le grand et admirable morceau d'ensemble au
second acte : *Au fils d'une grande Déesse*, où l'al-
légresse des peuples de Carthage, les conseils sévères
des Chefs Troyens à Énée, ses incertitudes, sa
crainte qu'ils ne soient entendus de Didon, la joie
de cette tendre amante, bientôt troublée par ce mouvement qu'elle croit apercevoir dans Énée et dans les
Troyens, sont si savamment et si dramatiquement
exprimés; ce morceau est non-seulement sublime,
mais strictement périodique. Il n'y a pas non plus
la moindre période tronquée dans le beau duo entre
Énée et Didon : *Tu sais si mon cœur est sensible,*

qui se termine par un trio plein d'expression , d'agitation et de contrastes. Enfin le chœur funéraire des prêtres : *Appaisez-vous mânes terribles !* qu'on ne peut entendre sans éprouver une sorte de terreur , et qui explique , pour ainsi dire , au spectateur le silence lugubre de l'infortunée Didon , et la pâleur de son visage ; ce chœur est aussi régulier , aussi périodique que celui des Songes d'Atys.

Renonçons donc , il en est tems , à toutes ces fausses doctrines , à ces chants hachés , à ce style intermittent et fiévreux , qui ne prouve que l'impuissance d'écrire en meilleur style , à cette prétendue science musicale qui atteste le défaut du véritable savoir ; cessons enfin de regarder comme un progrès de l'art , ce qui nous ramène vers son enfance.

Tandis que Didon brillait avec tant d'éclat sur le grand théâtre , celui des Italiens donnait aussi avec beaucoup de succès le petit opéra du *Faux Lord*. Piccinni en avait fait la musique très-rapidement , mais pourtant avec soin , et comme inspiré par un sentiment paternel. La Pièce était de son fils aîné , qui l'avait le premier accompagné en France , et qui s'y était d'abord fait connaître par deux Ouvrages italiens , une traduction en vers des lettres d'Abailard et d'Héloïse , et un éloge, en prose, de l'illustre Metastase. La musique du Faux Lord est charmante , écrite d'un style pur , libre et facile. Quoiqu'elle fût faite presque dans le même tems que le Dormeur et Didon , aucun de ses morceaux

ne ressemble à aucun morceau des deux autres.
On vit d'ailleurs avec intérêt l'association touchante
des auteurs de la musique et des paroles, et cet
appui donné par un père illustre, dans la carrière
épineuse du théâtre, au premier essai de son fils.

Voilà donc, dans cette seule année 1783, quatre
succès bien décidés. C'était la plus heureuse que
Piccinni eût eue depuis long-tems, et depuis lors
il n'en eut plus de pareille. A chacun de ses autres
Ouvrages, on sembla vouloir lui faire expier ces
succès, et surtout celui de Didon. *Diane et Endymion*, (42) l'un de ceux où il a semé le plus d'idées
heureuses, de beaux chants, et dont le style a le
plus de couleur et de vivacité (43), réussit peu en
1784, malgré la beauté du spectacle et le charme
des ballets, dont les airs sont délicieux. Ne pouvant
dire du mal de la musique, on en dit beaucoup
du Poëme. Les changemens qui y furent faits ne
satisfirent point encore. C'est peut-être parce qu'il
pèche par le fond même, non-seulement à cause
de la Mythologie qui y règne, et que l'on paraît
décidé à ne plus souffrir, si ce n'est dans les opéra
consacrés par d'anciens noms et de vieux succès ;
mais à cause de sa ressemblance avec Atys, auquel il ne ressemble d'ailleurs que par le sujet.

Pénélope, donnée en 1785, réussit plus qu'Endymion, mais non encore autant qu'elle le mérite.
Le Poëme, qui est de Marmontel, pouvait être,
il est vrai, plus chaudement conçu ; mais il y a
de la noblesse, de la dignité, un dialogue souvent

heureux , des airs bien coupés et bien placés , quelques scènes du plus grand intérêt , entre autres celle où Pénélope , sans reconnaître Ulysse , lui fait raconter ses malheurs ; et dans cette scène , dans ces airs, dans ces morceaux de dialogue , le Musicien s'est montré le rival du Poëte , dont il a , dans le reste de l'Ouvrage , souvent couvert les défauts. Il se tient toujours au niveau de son sujet, et ne descend point au-dessous de lui-même (44).

Le succès avait été complet à Fontainebleau , où *Dardanus*, de Sacchini , réussit aussi beaucoup mieux que n'avait fait Chimène. Mais à Paris , les deux Ouvrages furent assez faiblement accueillis. Il est vrai que tous les efforts de la malveillance, ou tous les hasards les plus malheureux , se réunirent pour étouffer Pénélope. Elle y fut mise en concurrence avec Dardanus et Panurge. Toute la pompe du spectacle fut prodiguée pour ces deux Ouvrages , et Pénélope fut traitée avec une négligence et un abandon qui allèrent jusqu'au scandale (45).

Une des principales occupations de Piccinni , depuis 1782 , était la direction de l'École de chant, qu'on avait placée au magasin de l'Opéra. Il avait mis à ce travail , qui l'obligeait en toute saison de sortir de chez lui plusieurs fois chaque semaine , pour passer des matinées entières dans les détails ennuyeux de l'enseignement , toute l'activité d'un jeune homme et tous les soins d'un maître consommé. On fit en 1786 le premier essai des fruits de cette École , par une représentation de Roland , sur le théâtre des Menus. Elle causa beaucoup de plaisir et de surprise. La voix agréable et bien conduite des trois principaux Acteurs, leur déclamation naturelle, sans saccades et sans cris, leur action expressive, mais simple et sans exagération, et ce qu'on entendait peut-être pour la première fois, des chœurs chantés juste, d'à-plomb, bien nuancés et dont les quatre parties, parfaitement en équilibre, se fondaient ensemble dans un accord harmonieux, charmèrent les amateurs admis à cette représentation. Piccinni, satisfait, avoua qu'il venait enfin de reconnaître dans l'exécution de sa musique les intentions qu'il y avait mises. Les amateurs conçurent l'espérance de voir sur le grand théâtre une révolution favorable aux plaisirs de l'oreille et aux progrès de l'art musical ; mais cette révolution si nécessaire est toujours restée en espérance.

M. de Saint-Marc avait alors entrepris de faire remettre son Adèle. Il engagea Piccinni à retoucher les endroits dont lui-même n'était pas content. L'Administration promit que dès que ces changemens seraient faits, l'opéra serait repris. Piccinni se mit à l'ouvrage. Quand on lui demandait quels morceaux il comptait changer, il souriait pour toute réponse, et tous les jours avançant son travail, il se trouva au bout de quelques mois, que depuis le commencement jusqu'à la fin, Adèle, à quelques scènes près, était refaite toute entière. Mais la peine qu'il s'était donnée fut inutile : on lui manqua de parole , et le public fut ainsi privé d'un de ses meilleurs Ouvrages.

Le malheur semblait s'attacher à lui de plus en en plus. Le Théâtre des Italiens lui était aussi peu favorable que celui de l'Opéra. *Lucette*, et *le Mensonge Officieux* , dont les paroles étaient de son fils , donnés en 1786 et 1787 , furent loin de réussir comme le Faux Lord ; et quoique dans ces deux pièces , et sur-tout dans la dernière , il y eût de charmante musique , elles ne restèrent point au théâtre.

Mais ces épreuves ne lui ôtaient rien de sa tranquillité ni de son courage , et ne pouvaient ni l'aigrir ni l'abattre. Tout entier à l'amour d'un art consolateur , il n'était accessible à aucun esprit de ressentiment ni de haine : il l'était toujours au contraire à tous les sentimens nobles et généreux. Il eut dans ces deux mêmes années (46) deux occasions de le prouver , et il les saisit par un mouvement naturel , étranger à toute espèce d'affectation.

Sacchini , avec qui on était parvenu à le brouiller, mais pour qui rien ne pouvait altérer en lui ni la haute estime de son talent, ni même le souvenir d'une ancienne amitié , Sacchini après *Dardanus* , avait composé *Œdipe à Colone* , le plus beau de ses ouvrages français. Les difficultés qu'il éprouva pour le faire représenter , l'engagèrent à le garder dans son porte-feuille, jusqu'à ce qu'on vînt lui en offrir des conditions raisonnables. On ne se pressa pas ; mais la Cour lui ayant commandé , en 1786 , un opéra pour Fontainebleau , il choisit *Evelina*, et commença d'y travailler avec beaucoup d'ardeur. Le peu de tems qui lui fut donné l'obligea à un excès de travail qui altéra sa santé. Il sentit quelques atteintes de goutte , et craignit de ne pouvoir aller jusqu'à la fin (47).

Cependant , à force de courage et quoique déjà très-souffrant, il était parvenu au troisième acte , et l'avait même commencé. L'espérance d'un nouveau succès à la Cour , à la suite duquel il se flattait qu'on ne pourrait refuser de donner à la ville, ni Evelina, ni son cher Œdipe, le soutenait contre les assauts de son mal , lorsqu'il apprit que la Reine avait changé d'avis , qu'elle avait cédé aux sollicitations des *compositeurs nationaux*, qui se plaignaient de voir toujours des étrangers occuper à leur exclusion les spectacles de la Cour ; qu'enfin on ne donnerait point Evelina.

Cette nouvelle imprévue lui porta un coup qui fut pour lui le coup de la mort. Une goutte remontée l'emporta dans peu de jours (48). Ainsi mourut , loin de Naples sa patrie , dans la force de l'âge et du talent , mais affaibli depuis long-tems par une maladie douloureuse, l'un des plus célèbres Compositeurs de l'École italienne. Son rival, en apprenant le danger où il était, sentit qu'il était toujours son ami ; il envoyait plusieurs fois le jour savoir de ses nouvelles , et les attendait avec la plus vive inquiétude. Son premier tribut, au moment où la mort de Sacchini lui fut annoncée, fut celui de larmes abondantes et sincères ; mais il voulut lui en payer un autre, et rendre publiquement hommage à sa mémoire (49). Cet éloge d'un grand maître, composé par un autre grand maître, monument précieux de la gloire de l'un et de l'autre, est remarquable non-seulement par le sentiment qui l'a dicté, mais par la manière dont il est écrit, et par la propriété des termes dans ce qui regarde les procédés de l'art et le caractère propre du style de Sacchini. On y reconnaît surtout *la richesse de ses accompagnemens si bien distribués, adaptés si à propos, sans nuire à la partie chantante, (qu'il a regardée toujours comme principale) ; et ces chœurs où les quatre parties sont si bien disposées, où l'on ne voit rien d'oisif, où toutes tendent au même but, où l'on ne distingue pas une mesure inutile, où enfin chaque partie forme séparément un chant si bien suivi, si bien modulé, que, même isolée, elle devient un morceau capital.* Ce qui est pour Sacchini un juste éloge, pourrait être pour beaucoup de compositeurs une leçon.

Il ne tint pas à Piccinni qu'il ne lui rendît encore un autre hommage, et qu'il n'offrît en même tems aux amateurs, et un intéressant spectacle, et un objet piquant de comparaison. Cela ne tint pas non plus tout-à-fait aux personnes qui avaient alors le plus de puissance ; et le tour que prirent les choses dans le fait que je vais raconter, peut servir à expliquer celui qu'elles prennent quelquefois dans des faits plus importans.

Lorsque Sacchini eut cessé de vivre, la Reine en parut très-affligée. Elle fit venir le duc de Villequier, alors premier gentilhomme en exercice ; elle lui dit qu'elle regrettait beaucoup Sacchini, qu'elle était très - fâchée qu'il n'eût point achevé son opéra d'Fvelina ; qu'elle voulait absolument l'entendre, et qu'il fallait que quelqu'un le finît. Il n'y a en France, et peut-être en Europe, ajouta-t-elle, que Piccinni qui en soit capable. Allez à Paris à l'instant même; voyez-le : dites-lui que je le charge de terminer l'ouvrage de Sacchini, et que je le prie de s'en occuper sur le champ. M. de Villequier mit de la grâce à traiter cette négociation (50). Piccinni accepta sans balancer, et promit de travailler dès qu'on lui aurait remis le poëme et la partition (51). Mais un Compositeur français fit représenter à la Reine que Sacchini l'avait chargé, en mourant, de terminer Evelina (52). La Reine vivement sollicitée, sans révoquer expressément ses premiers ordres, déclara qu'elle ne s'en mêlerait plus, qu'elle ne voulait plus en entendre parler. Ni la partition, ni le poëme ne furent envoyés à Piccinni qui, après avoir attendu quelque tems, apprit sans murmure, mais non pas sans regret, le dénouement de cette aventure.

L'année suivante (53), Gluck mourut presque subitement à Vienne. Sa mort ayant été annoncée dans le Journal de Paris, Piccinni conçut une idée qu'il s'empressa de consigner dans ce même Journal, où Gluck avait été si souvent loué à ses dé-

pens, mais où il ne l'avait jamais été d'une manière
si désintéressée ni si flatteuse. Il proposait de fonder
par une souscription, en l'honneur de cet homme
célèbre, *à qui*, disait-il, *notre théâtre lyrique doit
autant que la scène française au grand Corneille*,
un concert annuel qui aurait lieu le jour de sa
mort, et dans lequel on n'exécuterait que sa musique (54). Cette idée, jetée dans le public, l'occupa quelque tems; on écrivit pour et contre; on
proposa des modifications; mais bientôt on oublia
le fonds et la forme, et la proposition de Piccinni
n'eut aucune suite.

Il avait accepté depuis long-tems, pour le mettre
en musique, un poëme du genre le plus austère.
C'était *Clytemnestre*, tragédie en cinq actes, sans
ballets. L'auteur des paroles (55) et ses amis s'étaient
engagés à le faire jouer dès qu'il serait fini. Ils
avaient avec les Administrateurs de l'Opéra des relations qui paraissaient les autoriser à prendre cet
engagement. Piccinni s'étant enfin décidé, se livra
à cette longue et laborieuse composition avec son
ardeur accoutumée, comme s'il n'avait jusqu'alors
éprouvé ni tracasseries ni injustices, ou comme
s'il n'en avait plus à craindre.

Il reconnut encore cette fois que, quelque peine
que pût lui donner la composition d'un ouvrage,
le tems qu'il employait à ce travail, était toujours
pour lui le meilleur tems. Après une première répétition de sa musique, qui fut trouvée sublime,
on chercha querelle au poëme; on refusa de le

recevoir : on s'y obstina long-tems ; on ne voulait plus donner à l'Opéra de pièces sans ballets et sans fêtes : le sujet était trop triste ; on était rebattu de la famille d'Agamemnon , et mille autres raisons semblables. Enfin , par accommodement, on exigea du Poëte qu'il se réduisît en trois actes , et l'on promit à cette condition de représenter Clytemnestre. Cette réduction étant faite, Piccinni ne se découragea point ; il sacrifia d'excellens morceaux de musique , en refit de nouveaux , resserra ceux qui étaient trop étendus , donna en un mot à toutes les parties les proportions , les liaisons et l'unité qui en pouvaient faire un bel ensemble. Soins , travaux , patience inutile ! il lui fut impossible après cela , d'obtenir qu'on le mît au théâtre.

Je le dirai plus affirmativement encore que je ne l'ai fait de Phaon et d'Adèle, c'est une vraie perte pour le public. Il aurait joui d'un spectacle , austère sans doute , mais il y est accoutumé , et il aurait trouvé cette austérité plus piquante dans un Compositeur accusé , pour ainsi dire , d'avoir trop souvent sacrifié aux grâces. D'ailleurs , cet habile artiste persuadé de la nécessité des nuances et des repos , avait , dans un sujet aussi sévère , trouvé le moyen d'y sacrifier encore. Dans tous les arts la grâce peut, ou plutôt doit s'allier avec l'expression d'une noble douleur. Ceux qui ont entendu des répétitions de ce grand et bel Ouvrage, peuvent se rappeler comme moi que , dans plusieurs morceaux , l'Auteur avait fait cet heureux mélange d'expression, de noblesse et de grâce ; tandis que dans un grand nombre d'airs , de duos , de chœurs , de morceaux d'ensemble et de scènes dialoguées , il avait mis un nerf , une force tragique qu'il n'avait encore pu employer au même degré dans aucun autre de ses ouvrages (56).

Mais rien de tout cela ne fléchit ceux qui disposaient alors à ce théâtre des plaisirs du public et de la destinée des artistes. Ils mirent pour écarter Clytemnestre de la scène, le même zèle et , pour ainsi dire , les mêmes soins qu'ils auraient dû mettre à obtenir de l'Auteur la permission de l'y placer. Ce dernier trait d'injustice lui fut plus sensible que tous les autres , et le détermina enfin à quitter la France. Il en était sollicité depuis long-tems par ses amis d'Italie. Il l'était aussi par le mauvais état de sa fortune , et par la situation des affaires en France , qui avait totalement dérangé les siennes.

La Révolution française , avant de tout mettre à sa place , selon les principes d'un ordre social conforme à la raison , avait à déplacer tout ce qui était contraire à ces principes ; et ce déplacement ne pouvait se faire sans des résistances, des chocs , des secousses violentes et de nombreux froissemens d'intérêts particuliers. Piccinni avait un esprit trop juste, une ame trop élevée et trop indépendante pour ne pas sourire à cette aurore de la liberté ; mais étranger , et ne jouissant que d'une existence précaire , dépendante du Gouvernement , sa situation lui imposait beaucoup de retenue et de prudence. Cette prudence même ne put le sauver de l'effet des vicissitudes de la fortune publique. Son traitement alimentaire de 6,000 liv. , condition sans laquelle il n'eût pas quitté sa patrie , avec une famille nombreuse , avait été changé en pension , qui se trouvait, depuis la Révolution, suspendue , comme celles de tous les autres pensionnaires de l'État, quoiqu'elle fût d'une autre nature. La pension de 3,000 liv. de l'Opéra , qu'il avait gagnée par ses travaux, avait été aussi depuis plusieurs années, mise avec les autres pensions de cette espèce, à la charge du Trésor public ; la suspension s'étendait sur elle, quoiqu'elle n'eût rien de commun avec les grâces accordées aux dépens de ce Trésor. Et ce qui est plus fort encore , une rente de 2,100 liv. , réversible sur la tête de ses enfans , que M. Delaborde lui avait faite , pour prix des leçons qu'il avait données à ses filles, placée sur le même Trésor , avait eu à peu près la même destinée. Enfin le revenu de ses Ouvrages était nul, puisque l'Administration de l'Opéra semblait prendre à tâche d'user entiè-rement ceux de Gluck et de Sacchini , plutôt que de représenter les siens.

Accablé de tant de pertes , que pouvait faire un père de famille qui , tant à Paris qu'à Naples, avait chaque jour vingt-deux personnes à nourrir du fruit de son travail (57) ? Quitter une terre étrangère, où depuis quinze ans il luttait avec des forces trop inégales contre l'intrigue et la malveillance des hom-

mes, et contre le cours invincible des événemens.
C'est à quoi il se décida enfin, au mois de Juillet
1791. Il régla ses affaires, les remit entre les mains
de quelques amis, laissa un fondé de procuration
pour toucher le produit de la vente de ses partitions
et de la représentation de ses Ouvrages, et partit
avec sa femme et ses filles, pour aller, plus heureux
à cet égard que son compatriote Sacchini, jouir
encore une fois du beau ciel de Naples, et respirer
l'air pur de la patrie des beaux arts.

En récapitulant ce qu'il avait fait en France, on
trouve, *Roland*, *Atys*, *Iphigénie en Tauride*, *Adèle
de Ponthieu*, *Didon*, *Endymion*, *Pénélope*, *Clytemnestre*, en tout huit grands opéra; le joli opéra-
bouffon du *Faux Lord*; sans compter *Lucette*, et
le Mensonge officieux, Ouvrages moins heureux,
mais qui, si on les redonnait aujourd'hui, le seraient
peut-être davantage; et *le Dormeur éveillé*, composition riche, originale et variée, qu'on n'a pas assez
entendue; et le charmant opéra de *Phaon*, où il
avait prodigué les ressources de son imagination
créatrice, et qui, avec quelques changemens dans
le Poëme, paraîtrait sans doute au Théâtre avec
plus de succès encore que le Dormeur.

Au milieu des tracasseries qu'on lui suscitait sans
cesse, et des persécutions dont il fut constamment
la victime, au milieu de ses embarras domestiques,
malgré de fréquentes maladies (58), et le sacrifice
qu'il était obligé de faire d'une grande partie de son
tems, à des leçons particulières et à l'Ecole de

chant dont il était Directeur , voilà ce que ce
grand Artiste avait fait pour la France. Quelque peu
favorable aux arts que fût l'état où la France était
alors , n'est-il pas un peu honteux pour elle de
n'avoir rien à répondre quand on demande ce
qu'elle avait fait pour lui ?

Il partit le 13 Juillet pour l'Italie. Le jour de
son passage à Lyon , soit hazard , soit qu'on fût
prévenu, on donna une représentation de sa Didon.
Il fut invité à y assister ; il se rendit au Théâtre ,
où des applaudissemens universels et prolongés
l'accueillirent à son entrée : ils se renouvellèrent
souvent pendant la pièce , et l'on vint , dans sa
loge , lui présenter , et malgré sa résistance modeste,
placer sur sa tête une couronne. Dans toutes les
principales villes d'Italie , il reçut le même accueil,
sa présence excita les mêmes transports. Son voyage
fut un triomphe continuel.

Il arriva à Naples le 5 Septembre et y fut reçu de
même. Le Roi lui fit la réception la plus flatteuse,
lui accorda une pension et lui commanda sur le
champ plusieurs Ouvrages. Il voulut qu'on remît
au grand théâtre de Saint-Charles l'Alexandre aux
Indes , que Piccinni y avait donné dix-sept ans auparavant. Cet opéra , auquel il ajouta trois airs et
un trio , eut autant de succès que dans sa nouveauté.

Piccinni composa pour le carême de 1792 , Jonathas , oratorio , ou pièce sacrée en trois actes ,
et pour le Théâtre au printems , un opéra-bouffon,

intitulé *la Serva onorata*. L'un et l'autre Ouvrage
eurent le plus grand succès. Il avait une forte
prédilection pour Jonathas, qu'il paraissait regarder comme ce qu'il avait fait de meilleur dans
le genre sérieux.

Jusques-là tout allait au gré de ses vœux ; mais
ce fut bientôt après que commença pour lui une
nouvelle suite d'infortunes, et c'était de la France
encore qu'elles devaient naître ; c'était la France qui
le poursuivait au sein de sa patrie. Vers la fin de
1792, il maria sa fille cadette à un jeune Négociant
français, nommé Pradez Prestreau, établi à Naples
depuis neuf ans, et qui depuis l'époque de la Révolution n'avait point dissimulé ses sentimens pour
la liberté de son pays. Le mariage fut célébré chez
le nouvel époux. Le Consul, les Négocians, les Of-
ficiers français qui se trouvaient alors à Naples, et
le C. Makau, Ministre de la République, y furent
invités. On ne put sans doute contenir, dans cette
réunion presque toute française, ces élans de liberté,
qui, chez les Nations esclaves, sont des crimes aux
yeux de leurs maîtres. Le Roi et les Nobles déclarèrent leur mécontentement et vouèrent au jeune
Prestreau une haine irréconciliable.

Ils eurent l'injustice de comprendre le beau-père
dans la disgrâce du gendre. Piccinni composait alors,
pour le carnaval, un grand opéra, *Hercule au Ther-
modon*. Ceux qui avaient résolu sa perte et celle
de sa famille, firent siffler la pièce. Elle ne fut
donnée que quatre fois.

Ici l'on trouve encore un de ces traits qui affligent le cœur de tout véritable ami des arts, et qui malheureusement souillent trop souvent leurs annales. Un élève de Piccinni, devenu depuis son absence le plus célèbre Compositeur de l'Italie, et à qui son retour avait fait ombrage, fit lui-même ôter du théâtre l'Ouvrage de son maître, pour y substituer un des siens. Il s'unit ensuite à un autre Musicien célèbre, élève comme lui de Piccinni, pour le calomnier auprès du Roi, à la Cour, où ils l'accusèrent hautement de jacobinisme. Ils allèrent plus loin : ils demandèrent qu'on partageât entre eux la pension de 600 ducats que le Roi avait accordée à Piccinni, depuis son retour ; mais ils ne purent l'obtenir.

Ces affligeans détails me sont affirmés par des témoins oculaires : j'ai dû me résoudre à les croire ; mais je déclare que Piccinni, supérieur, même au sein de l'infortune, à ces ressentimens qui sont les grandes passions des petites ames, ne m'a jamais dans la suite, ni de bouche ni par écrit, nommé les deux Compositeurs qui avaient tant contribué à sa disgrâce (59). Seulement dans une lettre, où il m'exposait, cinq ans après, sa situation cruelle, il me disait, en termes généraux : « C'est de cette époque, mon ami, qu'on m'a enseveli tout vivant. Personne ne m'a plus appelé pour composer, toute la cohue des Musiciens m'a jeté la pierre, m'a méprisé et a espéré de me voir exilé et dépouillé de la pension que le Roi m'avait accordée (60). »

Piccinni était maître de musique du concert des Nobles. Il composa une cantate pour le mariage du Prince héréditaire de Naples. Le premier de ses deux ingrats élèves eut encore le crédit d'empêcher qu'elle ne fût chantée, et d'y faire substituer une autre cantate qu'il avait faite. Le Prince Auguste d'Angleterre, qui se trouvait alors à Naples, pour réparer cette injustice, prit la cantate de Piccinni, la fit exécuter à son hôtel, par la célèbre Cantatrice Grazzini. La musique en fut trouvée admirable, et le jeune Prince l'a emportée en Angleterre, comme une conquête.

Cette *cohue de Musiciens* animée contre Piccinni avait à la Cour des appuis très-puissans. La Reine elle-même l'avait pris en haîne depuis son retour, et des femmes du premier rang, pour servir cette haîne, l'avaient dès-lors accusé de jacobinisme. Ce fait particulier peut servir à autre chose qu'à l'histoire de la musique.

Ceux qui aiment que *le bon* soit, comme dit La Fontaine, *camarade du beau*, qui regardent comme une erreur de la Nature que la beauté des traits cache une ame vile ou cruelle, n'ont point à lui reprocher cette erreur au sujet de la Reine Caroline : en la formant elle ne s'est pas trompée. Une de ses prétentions était pourtant de ressembler à sa sœur Antoinette. Piccinni, après sa première audience du Roi de Naples, en eut une de la Reine, qui dura plus d'une heure. Elle le questionna beaucoup sur la France, sur l'état où il l'avait laissée, sur la puis-

sance des Jacobins, sur les scènes révolutionnaires
dont il avait pu être témoin, et principalement sur
la captivité récente de sa Sœur et du Roi, aux Tuile-
ries, depuis la fuite de Varennes. Quoique Piccinni
répondît à tout avec une extrême prudence, Caroline, dont les yeux étincelaient de fureur pendant
cet interrogatoire, lui fit entendre qu'elle le trouvait
bien froid dans ses réponses. Elle se radoucit ensuite,
et revenant à sa Sœur, elle parla de son goût pour la
musique, de sa santé, de sa figure, et finit par demander s'il trouvait qu'elle lui ressemblât. Piccinni,
embarrassé, la regardait et ne répondait rien. Elle
réitéra sa demande, et lui, qui ne savait pas mentir,
répondit : Majesté, il y a bien quelque air de famille,
mais non pas de la ressemblance. La Reine parut
très-piquée, rompit l'entretien et congédia ce mauvais courtisan.

Peu de jours après, étant allé voir les personnes de
la Cour, avec qui il avait eu autrefois des relations, il se
présenta chez la Princesse **** (61). On le fit attendre
long-tems. Elle parut enfin et salua Piccinni avec de
grands airs de protection. Eh bien ! dit-elle, en
napolitain, vous avez donc laissé ces coquins de
Français, ces rébelles, ces renégats ! Ils seront bientôt punis. Notre Roi fait des préparatifs ; toute la
Noblesse prendra les armes ; les Jacobins seront perdus. A tout ce débordement, Piccinni garda le silence ; quand elle eut fini, il lui dit seulement, aussi
en napolitain, un de ces mots équivoques, comme
serait en français : madame, je vous le souhaite.

la Princesse l'entendit fort bien ; elle se mit en colère et lui dit qu'il était donc Jacobin aussi, puisqu'il défendait les Jacobins. Le soir, à la Cour, elle dit à qui voulut l'entendre, que Piccinni était venu chez elle, qu'il lui avait parlé en faveur des Jacobins, qu'il était Jacobin lui-même. De-là le bruit s'en répandit dans toute la ville, et quand les ennemis du malheureux Piccinni voulurent faire renaître ce bruit, ils trouvèrent les esprits déjà prévenus et préparés.

Dans ces tristes circonstances, il fut engagé à Venise pour composer deux opéra. Il alla donc y faire la *Griselda*, qui eut beaucoup de succès, et le *Servo Padrone*, qui en eut moins. Il retourna à Naples, après neuf mois d'absence, espérant que le Gouvernement le laisserait en repos. Il se trompait. A son arrivée il se présenta chez un homme dont le nom est devenu fameux parmi ceux des plus exécrables ministres de la tyrannie monarchique, chez le premier Ministre Acton. Il en fut reçu avec autant de dureté que d'orgueil. Acton finit par défendre à cet homme, dont Naples devait s'honorer, de se montrer publiquement à Naples ; il lui ordonna de rester comme aux arrêts dans sa maison. Il ajouta qu'il le prévenait que le peu de personnes qu'il lui serait permis d'y voir, rendraient compte à la Cour de sa conduite. Piccinni répondit avec simplicité et fermeté : « Excellence, je ne crains personne : je suis fort de ma conscience, et j'espère que si vos espions

ont la moindre probité , je serai à l'abri de tout reproche. »

Il resta plus de quatre ans ainsi enfermé chez lui,
dans un état d'abandon, d'oppression et d'indigence
qu'il était si loin de mériter, mais qu'il supporta en
homme de courage et en philosophe. Ce fut pendant
ce tems qu'il mit en musique un grand nombre de
Pseaumes , traduits en italien par le Poëte Saverio
Mattei , son célèbre compatriote. Il les composait
pour des couvens et des églises , à qui les partitions originales sont restées , l'Auteur n'ayant pas
le moyen de les faire copier. Le Prince Auguste
possède un de ces Pseaumes, celui que Piccinni
regardait comme le meilleur, et dans lequel il avait
exprimé une foule d'images , qu'auparavant , disait-
il , il n'avait point encore eu l'occasion de peindre.
Il serait digne de ce Prince, que l'on dit doué de
qualités intéressantes , de ne point enfouir ce trésor.
S'il le faisait graver à Londres , par souscription , et
s'il en faisait passer le produit à la famille infortunée
du grand maître qu'il sut , quoique fils de Roi lui-
même , consoler , seul , des injustes rigueurs d'un
Roi, il ferait un acte d'humanité et de protection
des arts , qui serait à jamais honorable pour lui (62).

Cette malheureuse position dura jusqu'au moment où la République victorieuse voulut bien accorder la paix à la Cour de Naples , qui ne s'en
servit que pour tramer contre elle de nouvelles per-
fidies. L'Ambassadeur Canclaux étant arrivé dans
cette résidence , envoya chercher Piccinni , pour lui

proposer de composer une marche guerrière, deman-
dée par le Général Bonaparte. Piccinni n'osa pas
aller chez l'Ambassadeur français, sans en avoir obtenu la permission du Ministre. Acton ne pouvait
la lui refuser, vu les circonstances. Ces circonstances,
toujours si puissantes sur les ames de cette trempe,
eurent même tant de pouvoir, qu'il reçut fort bien
Piccinni, qui sachant mettre les choses à leur place,
ne fut pas plus flatté de cet accueil, qu'il n'avait
été humilié de l'autre. Il composa aussitôt la marche
guerrière, et la porta à l'Ambassadeur. On ne sait
pas ce que cette marche est devenue; mais le C. Canclaux procura alors au malheureux Piccinni les
moyens de faire connaître en France l'état où il se
trouvait réduit avec sa famille.

Il écrivit à quelques-uns de ses plus intimes amis;
et ce fut quelques mois après que je reçus de lui
une longue lettre, dont j'ai déjà parlé. Je ne pus
y lire sans le plus vif chagrin le détail de ses
malheurs. J'appris qu'en quittant Paris, il avait été
obligé d'endosser jusqu'à dix mille francs de billets,
pour des dettes qui lui étaient cependant étrangères;
qu'un ami qui pendant onze ans avait géré son fonds
de musique, ayant fait banqueroute, l'avait cons-
titué débiteur de six autres mille livres; que le fondé
de procuration qu'il avait laissé, avait mangé ou laissé
manger par d'autres tout ce qu'il avait reçu, et avait
fini, s'il fallait l'en croire, par vendre tout son fonds
de musique, c'est-à-dire, toutes ses partitions, pour
six mille francs en assignats; que son gendre ayant

fait un voyage à Paris , il l'avait chargé d'une procuration nouvelle pour faire rendre des comptes à celui
qui avait si mal géré , et toucher en son nom ce qui
devait lui revenir ; mais que ce jeune homme s'était
laissé circonvenir , avait reçu pour bons tous les
comptes qu'on lui avait présentés , et était revenu à
Naples les mains vides.

Qu'on se figure l'état dans lequel resta ce malheureux vieillard, en apprenant un si triste résultat. Il
trouva dans les comptes qui lui furent remis , un petit papier où il était écrit : *« Piccinni ne touche pas
sa pension de l'Opéra, non parce qu'il est émigré,
mais parce qu'on veut qu'il vienne la manger en France,
selon la loi. »* Il n'avait pas de peine à me prouver
combien cette décision était injuste, mais ce n'était pas
à moi qu'il s'agissait de le prouver (63). « Mon ami,
ajoutait-il, (et ceci parlait à mon cœur, comme ses
raisonnemens à mon esprit,) je me jette dans vos
bras : plaidez pour votre ami, qui est réduit à la
mendicité avec sa pauvre famille. »

Il me racontait ensuite tout ce qui lui était arrivé
à Naples , et la détresse où il languissait, n'ayant
plus au monde que la pension du Roi, qu'on n'avait
pu lui arracher. Il ajoutait ces paroles touchantes :
« C'est avec cette modique pension, que moi, ma
» femme, quatre filles et deux sœurs, nous traînons
» notre pauvre vie ; *mais moi et mon talent, quoique
» vivans, nous sommes descendus au tombeau.* »

Il me parlait encore d'une affaire intéressante pour
sa gloire , et qu'il avait fort à cœur ; c'était la repré-

sentation de Clytemnestre. Il en avait laissé la
partition, réduite en trois actes, à l'Administration
de l'Opéra. On prétendait qu'il l'avait emportée avec
lui, mais il affirmait le contraire (64), et si au reste
elle ne se trouvait pas, l'original, en 5 actes, était
entre les mains d'un Négociant à Gênes, il me proposait, pour ôter à l'Administration toute excuse,
de me le faire parvenir (65).

Enfin il me priait avec instance d'accepter sa
procuration ; ce serait alors, disait-il, qu'il pourrait *commencer à voir le jour dans ses affaires, et à
recevoir quelque soulagement.* Mais le sort m'en-
traîna dans ce tems-là même loin de Paris et de la
France, et je ne pus rien faire pour le malheureux
Piccinni, dont l'infortune s'aggrava de plus en
plus (66).

Le C. Garat, nommé Ambassadeur à Naples,
espéra qu'en lui donnant à son arrivée une marque
publique de considération et d'intérêt, il adoucirait
sa position. Il l'alla donc voir, accompagné de quelques Français attachés à la légation. Ils le trouvèrent
retiré, avec sa famille, dans un petit appartement au
troisième ou quatrième étage. Piccinni ne s'occupa
que du plaisir de revoir des Français, et du soin
de les bien recevoir. Ils voulurent entendre de la
musique, et furent sur-tout enchantés de l'exécution
du beau trio du troisième acte d'Iphigénie en Tauride, chanté par madame Piccinni et ses deux filles,
et accompagné par lui. C'était un tableau intéressant et singulier. Des Français écoutaient à Naples

un morceau d'opéra français , composé en France
par· un Maître napolitain , exécuté avec une perfection , inconnue sur le théâtre français, par ce
Napolitain et sa famille. Un Artiste célèbre , long-
tems persécuté en France pour l'avoir enrichie des
fruits de son génie, maintenant persécuté dans sa
patrie à cause de son séjour en France et de son
attachement pour elle , faisait entendre à l'Ambassadeur français un des chefs-d'œuvres , causes de
cette double persécution ; et cet Artiste sensible
semblait dire par ses regards avec plus de consolation
que d'orgueil , à ses auditeurs attendris : Voilà ce
que j'ai fait pour vous !

Mais ce que cette visite eut de consolant pour
Piccinni , disparut avec elle : il n'en fût que plus
rigoureusement traité ; et cela fut au point qu'il
n'osa même pas la rendre. Mais cette rigueur, loin
d'affaiblir son amour pour la France , faisait sur lui
l'effet qu'elle produit communément sur les ames
généreuses ; elle augmentait cet amour et le chan-
geait en passion. Ni le peu de Français qui allaient
encore le voir , ni même ses compatriotes , ne
pouvaient lui faire de plus grand plaisir que de lui
parler de la France et de l'en écouter parler. Ses succès de Paris effaçaient dans son souvenir ceux de
Rome et de Naples même. Il préférait les orchestres
français à ceux d'Italie , le public attentif de nos
salles , au public distrait et bruyant des salles italiennes , et le peuple français à tous les autres peuples.
Enfin , comme il arrive quand on aime , il ne se

consolait qu'en s'occupant de la France, des maux qu'on lui faisait souffrir pour elle.

Il était réduit à ce degré d'infortune lorsqu'un second engagement qui lui fut proposé pour Venise, vint, en se combinant avec d'autres circonstances, lui fournir l'occasion d'en sortir ; c'était le fameux chanteur David qui lui avait procuré cet engagement. Piccinni alla demander un passe-port au Roi, et comme Venise était devenue alors un territoire impérial, le Roi ne le refusa pas. Or, voici quelles étaient les circonstances qui firent servir ce passe-port à le délivrer d'oppression.

On a vu que le C. Canclaux avait le premier procuré à Piccinni les moyens de faire connaître son état en France. Touché de l'avilissement où il le voyait réduit, il avait lui-même écrit pour lui à la première Commission française à Rome. Le C. Monge, qui en était membre, se rendit à Naples, comme voyageur. Il ne vit point Piccinni de peur de le compromettre ; mais dès ce moment fut arrêté le projet de le faire repasser en France et d'en faire la première conquête sur Naples. Il fallait pour l'exécution une occasion favorable. Un an et plus s'écoula. Tout présageait une guerre que la Cour de Naples provoquait de plus en plus. Après le départ de Garat, Lachèze, Secrétaire de légation, était resté chargé d'affaires. Il vit dans ces événemens le double moyen de servir sa patrie et de l'honorer, en sauvant et honorant Piccinni. Il l'engagea donc à profiter du passe-port qu'il avait obtenu pour Ve-

nise, sous prétexte d'y aller composer de la musique.
Autrement il n'était pas possible à un napolitain
de sortir de ce Royaume, devenu une véritable
prison (67). Piccinni était fort embarrassé pour profiter de cette occasion favorable : il était sans argent.
Lachèze lui offrit généreusement cinquante louis.

Piccinni se rendit à Rome, où la nouvelle Commission française, prévenue du projet qu'avait eu
la première de le reconquérir à la France (68), l'accueillit, le fêta, le traita au nom de la République ;
et fit toutes les dispositions pour le renvoyer sûrement et honorablement à Paris. Lachèze, obligé de
quitter Naples, au moment où cette Cour perfide
leva le masque et déclara la guerre, vint alors le re-
joindre à Rome : il en partit avec lui, et pendant
ce long voyage, il eut le bonheur de lui prodiguer tous les soins d'une vigilante amitié (69).

Ils arrivèrent à Paris le 13 Frimaire, précisément
la veille de l'exercice public que le Conservatoire
de musique donne tous les ans sur le théâtre de
l'Opéra, pour la distribution de ses prix. Le Conservatoire, instruit de l'arrivée de Piccinni, lui
envoya une députation pour l'inviter à cette solem-
nité musicale. Il s'y rendit, et quoiqu'il se tînt
modestement loin des yeux du public, les Musiciens
d'abord, les spectateurs ensuite, instruits de sa
présence, demandèrent avec empressement à le voir.
L'un des chefs du Conservatoire le conduisit sur le
théâtre et le présenta au public. Des applaudissemens, mêlés d'acclamations, éclatèrent, à plusieurs

reprises, dans toutes les parties de la salle. Son génie, son âge, ses malheurs, tout excitait l'attendrissement, l'admiration, l'enthousiasme; jamais dans ses plus belles années, il n'obtint un plus beau triomphe.

Quand ses amis allèrent le visiter et le féliciter d'avoir échappé à tant de dangers et de fatigues, ils trouvèrent en lui moins de changement que n'en devaient apporter, surtout à son âge, près de huit ans d'absence et tout ce qu'il avait souffert. Un tremblement plus marqué de la tête et de . . main était le seul progrès que parût avoir fait en lui la vieillesse. Son esprit avait toute sa vivacité; mais quoique naturellement il aimât à raconter, on s'apperçut facilement qu'il ne répondait qu'avec peine aux questions qu'on lui faisait sur les persécutions qu'il avait éprouvées, et qu'il aimait mieux parler de la France que de l'Italie.

Il était seul, dans un petit appartement (70), entre des murs presque nuds, sans autres meubles que ceux qui sont le plus indispensablement nécessaires, presque sans feu, dans le plus fort de l'hiver, et servi seulement par ce que l'on appelle une femme de ménage. Il ne semblait pas sentir la rigueur de cette position; mais ceux qui aimaient véritablement les arts, et qui s'intéressaient à leur gloire, ceux qui savaient tout ce qu'on doit au génie, ceux qui l'aimaient personnellement comme il méritait d'être aimé, la sentaient cruellement.

Quelques-uns s'occupèrent du soin de l'améliorer. Personne ne s'en occupa plus ardemment, avec plus de suite, d'obligeance et de fruit que le Commissaire du Gouvernement près le Conservatoire de musique. Le C. Sarette, à qui ce bel établissement doit en grande partie son existence, employa, pour servir Piccinni, les relations et les moyens que lui donnait sa place. Il les dirigea vers ce qui pouvait en même tems ajouter à l'éclat et à l'utilité du Conservatoire ; sentant bien que malgré la juste célébrité des artistes qui en surveillent les études, le nom de Piccinni allait manquer à leur liste, tant qu'il n'y serait pas inscrit. Il imagina d'abord, pour le réunir avec eux, sous les yeux de ceux qui pouvaient contribuer à cet acte de justice, une fête lyrique dans l'intérieur du Conservatoire, où furent invités un membre du Directoire exécutif, plusieurs membres des deux Conseils et de l'Institut national, et quelques amateurs choisis. Les premières idées de cette utile association y furent jetées, et les cinq Inspecteurs de l'enseignement (71) furent les premiers à en témoigner le desir.

C'était au mois de Nivôse. Le mois suivant, les affaires de Piccinni commencèrent à prendre un meilleur aspect. Il obtint pour son établissement une somme de 5,000 fr., et 2,400 fr. de traitement annuel sur les fonds des encouragemens littéraires. Il s'agissait de faire rétablir sa pension de 3,000 fr. à l'Opéra; assurément il l'avait bien méritée, et comme cette fois il venait *la manger en France*, il n'y avait plus de motifs pour la lui refuser ; mais on s'occupait alors de reconstituer toutes ces pensions ; on faisait passer à un nouvel examen les titres des pensionnaires ; le tarif était fondé sur le nombre des Ouvrages restés au théâtre. A l'Administration de l'Opéra, Piccinni retrouva toujours à son poste cette malveillance pour lui, qui survivait en quelque sorte aux révolutions multipliées qu'éprouvait la Direction de ce Spectacle. On n'y voulut compter, comme Ouvrages restés au Théâtre, que Roland, Atys et Didon ; ainsi la sublime *Iphigénie en Tauride*, que l'esprit de parti le plus marqué en avait seul écartée, *Endymion*, où le charme du spectacle, des ballets et des fêtes, est joint à la beauté de la musique, et la sévère *Pénélope*, que le fonds du sujet n'avait peut-être pas permis de reprendre, mais dont la partition est si belle que l'Administration du Conservatoire de musique l'avait, cette année même, donnée en prix aux élèves de composition, aucun de ces trois chefs-d'œuvres ne parut à ces juges prévenus, mériter d'être compté pour la pension. Les bureaux du Ministre de l'Intérieur se tinrent strictement à cette règle, et Piccinni ne fut employé sur l'État que pour une pension de 1,000 fr.

On songea aussi à lui donner un logement au Palais national des Arts (72). L'hôtel d'Angivilliers venait d'y être annexé : il fut décidé qu'il y serait logé, avec sa famille, qui devait arriver de Naples : mais cette décision éprouva dans son exécution beaucoup d'obstacles, et il lui fallut passer dans son incommode appartement tout le reste de ce rude hiver (73). Il n'avait apporté avec lui aucun de ses Ouvrages ; tous ses originaux italiens , ainsi que les partitions françaises non gravées , d'*Adèle de Ponthieu* , de *Phaon* , du *Dormeur éveillé* , etc. étaient restés à Naples (74). Il n'avait pas même de forte - piano , et pourtant, dans les intervalles que lui laissaient des incommodités fréquentes , il composait de la musique. Il s'amusait, entre autres, à faire pour un journal lyrique, (75) de petits airs, des chansons, des romances ; mais le morceau le plus marquant qu'il ait fait depuis son retour, et qu'il fit peu de tems après son arrivée, est un hymne destiné à l'une des Fêtes nationales dont une loi de la République ordonnait alors la célébration : c'est l'*Hymne à l'Hymen*, pour la Fête des Époux. Il témoigna beaucoup de joie du choix que le Ministre de l'Intérieur , François (de Neufchâteau) , avait fait de lui ; il était charmé de faire quelque chose pour la République, de travailler pour une fête aussi morale, et , ajouta-t-il obligeamment pour l'Auteur des paroles, il lui serait aisé de mettre de la musique sur des vers qui l'appelaient naturellement (76).

Piccinni enfin établi à l'hôtel d'Angivilliers , y resta seul pendant quelques mois. Il était dans les plus vives inquiétudes sur le sort de sa famille. Les événemens qui s'étaient passés à Naples lui auraient-ils permis d'en sortir ? Y aurait-elle pu rester en sûreté ? Une armée républicaine , faible par le nombre , invincible par son intrépidité , avait conquis rapidement ce Royaume et en avait fait une République. Les désastres inattendus de la grande armée d'Italie avaient forcé celle de Naples d'abandonner sa conquête. Madame Piccinni et deux de ses filles en sortirent avec cette armée. Ce ne fut pas sans risque et sans peine. De féroces lazzaroni, dignes instrumens des vengeances d'Acton, de Ferdinand et de Caroline, voulaient faire justice de cette famille de *Jacobins*; elles furent protégées par des militaires français, et suivirent l'armée jusqu'à Florence. Elles s'embarquèrent à Lerici, d'où elles abordèrent à Gênes, après avoir couru plusieurs fois risque d'être prises par des corsaires anglais et par des turcs. Enfin elles traversèrent heureusement de Gênes à Marseille, et arrivèrent à Paris au mois de Messidor, dans un état de dénuement, suite inévitable d'une fuite précipitée, n'ayant pu emporter avec elles ni linge, ni vêtemens, ni, ce qui était le plus fâcheux, le trésor des originaux et des partitions du Maître.

Ce fut pour lui une grande consolation que leur arrivée, mais ce fut bientôt aussi un fort surcroît de peines et une source d'embarras. L'hiver les augmenta. Ce qu'on lui avait accordé était insuffisant pour l'existence de quatre personnes à Paris, et son cœur trop sensible ne pouvait oublier celles qui languissaient à Naples, dans un état plus triste encore; il gémissait de ne pouvoir leur faire passer aucun secours. Le peu qu'il avait à toucher éprouvait des retards désespérans. Tant de chagrins l'accablèrent.

Il eut pour la première fois une attaque de paraly-
sie dont il eut peine à revenir, et qui lui laissa
pendant plusieurs mois la langue embarrassée et
un bras presque sans mouvement.

Lorsqu'il fut rétabli, il reprit un usage qui lui
avait, pendant l'été, procuré quelques distractions
agréables et quelques doux momens. C'était de
rassembler chez lui un certain nombre d'amateurs
choisis, et de faire un peu de musique. Dans ces
petits concerts la partie instrumentale était très-faible,
mais on en était dédommagé par celle du chant. On
y entendait surtout avec un plaisir toujours nouveau,
des airs d'expression tirés de ses opéra italiens,
chantés par madame Piccinni, avec une voix que
l'âge a rendue plus grave et moins légère, sans la
rendre moins belle et moins touchante, et avec une
méthode aussi sage que savante, bien opposée à
toutes ces pretintailles, à ces brodailleries éternelles,
qui défigurent aujourd'hui le chant italien, que
Piccinni n'admit jamais dans son école, et qu'il
détesta toujours.

Cependant l'affaire de son adjonction au Conservatoire de musique ne se terminait point. Auprès
d'un établissement destiné à fonder et à propager
en France les vrais principes de l'art, on laissait
dépérir et s'éteindre, sans en tirer aucun fruit,
l'éleve favori de l'immortel Durante, celui que,
jeune encore, il avait appelé son fils, et qui, né
avec une tête pensante, avait joint à toute la
science de son maître, l'expérience de quarante

années. Le C. Sarette n'avait point cessé de suivre cet objet avec un zèle qui l'honore. L'état changeant des affaires publiques avait plusieurs fois trompé son attente au moment du succès. Après le 18 Brumaire, il fut long-tems sans pouvoir en occuper le nouveau Gouvernement. Dès qu'il le put, il reprit auprès de lui ses démarches. Piccinni, vaincu par sa détresse, se détermina à en faire une décisive. Il adressa au premier Consul une pétition directe. En lui demandant une audience, il lui exposa la situation déplorable où il était plongé, et le moyen facile qui se présentait pour l'en faire sortir.

La réponse fut prompte et accompagnée d'une carte d'entrée, dont Piccinni se hâta de profiter. Il se rendit au Luxembourg. Il y avait beaucoup de monde. Bonaparte, dès qu'il l'aperçut, alla au-devant de lui, et le pria de s'asseoir. Piccinni refusait : asseyez-vous, je vous prie, reprit le premier Consul ; un homme de votre mérite ne doit se tenir debout devant personne. Après avoir causé quelque tems avec lui : vous allez, lui dit-il, passer chez ma femme. J'irai vous y trouver ; nous déjeûnerons ensemble. Il le conduisit lui-même à l'appartement de madame Bonaparte, l'annonça, et retourna finir son audience.

Il vint ensuite, comme il l'avait promis. Pendant ce tems, Piccinni avait été comblé des attentions les plus délicates. Le premier Consul s'entretint avec lui près d'une heure, lui promit de recommander fortement l'affaire du Conservatoire à son frère, Ministre de l'intérieur ; après avoir tiré de lui de nouveaux détails sur sa position malheureuse, voyant qu'il lui fallait de prompts secours, et connaissant cette crainte des ames généreuses qui est de blesser en obligeant, il lui dit qu'il avait besoin d'une nouvelle marche pour la garde Consulaire, et lui demanda s'il voulait bien s'en occuper. Piccinni, comme on peut penser, ne se fit ni prier ni attendre. Peu de jours après, il adressa cette marche au premier Consul, qui lui envoya aussitôt un aide-de-camp, chargé de le remercier en son nom, et de le prier d'accepter vingt-cinq louis.

. Le Ministre de l'intérieur mit, de son côté, de l'empressement à terminer son affaire ; et dans le mois de germinal, il fit créer pour Piccinni une sixième place d'Inspecteur de l'enseignement dans le Conservatoire de musique, *à titre de récompense nationale.* Mais cette faveur si juste et si noblement accordée, vint trop tard. Le malheureux Piccinni venait d'éprouver une forte attaque de son ancienne et incurable maladie. La bile s'était d'abord fait une issue. Sa plaie inguinale s'était ouverte ; mais s'étant refermée bientôt après, les ravages internes furent prompts et terribles. Le médecin qui fut appelé se trompa aux indices inflammatoires, fit appliquer les sangsues, et réitérer l'extraction du sang au point d'ôter au malade toutes ses forces. La bonté de sa constitution lutta cependant encore, il parut revenir vers la fin de germinal ; mais sa pâleur et sa faiblesse étaient extrêmes : tout annonçait en lui le dernier épuisement.

Ce fut dans cet état qu'il eut encore le courage de donner chez lui un concert. Le petit nombre d'amateurs qui s'y trouvèrent, se souviendront long-tems de l'impression que leur fit ce qu'on peut nommer le dernier chant du cygne ; ils furent profondément émus d'entendre madame Piccinni chanter, avec l'expression qui lui est propre, ce bel air de la Zenobie : *Lasciami o ciel Pietoso !* composé, dans toute la vigueur de la jeunesse (77), par ce vieillard illustre et malheureux, qui l'accompagnait en ce moment d'une main languissante, mais dont les yeux se ranimaient encore à cette belle production de son génie. Ils n'oublieront pas non plus l'admirable Sommeil d'Atys, ni le trio d'Iphigénie en Tauride, exécuté, comme il l'avait été à Naples, par la mère et les deux filles, groupées derrière un époux et un père, qui semblait, en les accompagnant, renaître à l'accord touchant de ces voix si expressives et si chères, et ressentir quelque étincelle du feu dont il était animé, quand il produisit ces morceaux sublimes.

Peu de jours après, il partit, avec sa famille, pour Passy ; on espérait que le bon air et l'aspect de la campagne, qui commençait à refleurir, lui rendraient des forces ; mais la source en était tarie. De nouvelles peines domestiques vinrent encore l'assaillir, au moment où il eût fallu qu'il ne fût entouré que de consolations. Elles accélérèrent et

troublèrent son dernier moment. Sa faiblesse augmenta chaque jour, il succomba enfin ; et après
une agonie, pendant laquelle il conserva sa présence d'esprit et toute l'énergie de son ame, il
expira le 17 floréal de l'an 8, (7 mai 1800, v. st.)
âgé de 72 ans.

Il est enterré à Passy, dans la sépulture com-
mune. Sa tombe n'y est distinguée que par un
marbre noir, sur lequel un ami, qui lui a rendu
les derniers devoirs (78), a fait graver cette simple
inscription :

Ici repose
NICOLAS PICCINNI,
Maître de Chapelle Napolitain :
célèbre en Italie,
en France,
en Europe :
cher aux Arts et à l'Amitié :
né à Bari, dans l'État de Naples, en 1728,
mort à Passy, le 17 floréal, *etc.* (79).

Il laisse une veuve et six enfans (80), qui n'avaient
pour tout bien que son génie, et qui n'en ont plus
d'autre que son nom. Le Gouvernement a étendu
ses bienfaits sur son intéressante famille : elle conserve un logement national : la place créée pour
Piccinni au Conservatoire de Musique, a été donnée au Compositeur Monsigny, avec la condition
que la moitié des 5,000 fr. d'honoraires affectés à
cette place, serait payée à madame Piccinni comme

pension alimentaire : cet Artiste recommandable et modeste, l'un des premiers à qui l'on ait dû l'établissement de la bonne musique en France, a reçu cette condition, non comme une charge, mais comme une grâce.

Madame Piccinni n'a point voulu que cette faveur fût purement gratuite. Elle a proposé au Gouvernement d'instruire chez elle dans l'art du chant quatre élèves du Conservatoire ; cette proposition a été acceptée. Il est à desirer que ce ne soit pas seulement pour la forme, et qu'on la mette à portée de remplir son engagement. Elle tient de son époux l'excellente méthode à laquelle cet art a dû en Italie toute sa splendeur, méthode dont on s'écarte de jour en jour en Italie même, et dont aussi de jour en jour l'absence et le besoin se font sentir en France, à mesure qu'on s'y livre davantage à l'imitation de quelques faux brillans, qui sont aux vraies beautés du chant italien ce que des franges d'or faux seraient aux draperies de la sculpture antique (81).

Piccinni était d'une taille au-dessous de la moyenne, mais bien fait, et d'un maintien qui avait de la dignité. Sa figure avait été très-agréable ; son front était grand et ouvert ; ses yeux bleus, parfaitement enchâssés, et d'une expression à la fois douce et spirituelle, s'animaient et étincellaient quelquefois comme les yeux noirs les plus vifs ; la forme de son nez et l'union de cette partie avec le front, retraçaient un trait de figure grecque, et rappelaient que c'est, en effet, le sang grec qui coule encore dans les veines des Napolitains *de race pure*. Sa bouche naturellement enfoncée, l'était devenue davantage par la perte totale de ses dents ; et depuis leur chûte précoce, son menton saillant en pointe, mettait hors de proportion le bas avec le haut de son visage.

Il aimait beaucoup la propreté et même la parure. Sa toilette était toujours soignée ; et s'il allait rarement à pied, c'était plutôt la boue qu'il craignait que la fatigue. Il mangeait peu, et il y mettait du choix, tant pour le goût que pour la santé. Il était sobre comme un italien, et propre comme un français.

Son tempérament était bilieux, ce que son teint blanc et fort délicat annonçait souvent par une nuance un peu jaune. Il avait quelques-unes des affections que ce tempérament procure, sans cependant les avoir toutes. Quoique fort gai dans son état habituel, il se livrait facilement à la mélancolie, rarement à la colère, et jamais au ressentiment. Son esprit était vif, étendu et cultivé. Les littératures latine et italienne lui étaient familières quand il vint en France, et quelques années après il ne connaissait guère moins la fleur de la littérature française.

Il parlait et écrivait très-purement en italien ; mais avec des compatriotes, il préférait le dialecte napolitain, la plus expressive, selon lui, la plus hardie, et la plus métaphorique des langues. Il s'en servait surtout pour raconter , et c'était avec une gaîté , une vérité , une expression pantomime , à la manière de son pays , qui enchantaient les Napolitains , et rendaient ses récits intelligibles à ceux mêmes qui n'entendent de ce dialecte que ce qu'il a d'italien.

Il n'avait de politesse que ce qui tient à la bienveillance : pour ce qui est convenance et formules , il en faisait peu de cas : il n'y avait rien de prévenant dans son accueil , qui était quelquefois même un peu froid , et approchait de la hauteur. Il avait pris dans le monde musicien quelques habitudes de supériorité qui lui firent peut-être des ennemis en Italie et même en France. On sait quel empire exercent sur les compositeurs italiens ces *prime Donne*, si capricieuses et si altières , et encore plus ces *Soprani*, qui ne le sont devenus qu'en cessant d'être hommes. Il leur faut non-seulement ici un air de bravoure , là un rondeau , et là un cantabile , mais dans tous ces morceaux, il leur faut tel passage , tel trait , tels intervalles ; il faut, dans les duo, donner les traits les plus brillans à celui des deux acteurs qui est le plus en crédit ; il faut quelquefois recevoir des airs ou d'autres morceaux entiers qui ont réussi ailleurs , et qu'il est permis seulement de déguiser par d'autres accompagnemens et d'autres ritournelles. Les plus célèbres compositeurs se sont vus forcés de céder à leur despotisme bizarre. Piccinni n'y céda jamais. Il consultait pour leur intérêt, pour le sien et pour celui du public,

l'étendue , la qualité , les facultés de leurs voix ;
mais cela fait , il ne suivait , en composant , que
son génie , et ne pliait jamais sous ces fantaisies de
virtuoses. La plus fantasque des cantatrices de son
tems , la Gabrielli , et Guadagni , le plus exigeant
des chanteurs , essayèrent en vain sur lui leur empire ; après les scènes les plus vives , ils furent
toujours obligés de céder. Les Acteurs sérieux le
craignaient : ils n'obtenaient point de lui ce qu'exi-
geaient leurs prétentions , et ils trouvaient toujours
dans sa musique des traits nouveaux qui s'écartaient de leur routine , et qui effrayaient leur
paresse.

C'est pour cela qu'il préférait le genre bouffon
au sérieux , quoiqu'il réussît également dans l'un
et dans l'autre. Là du moins il pouvait ne s'occuper
que d'exprimer les passions et d'imiter la nature;
car il s'en faut bien, et l'exemple de la Bonne Fille
suffit pour le prouver , que dans l'*Opera Buffa* ,
il n'y ait que des bouffonneries , qu'il n'y ait même
que du comique. L'autre genre exige , il est vrai ,
plus d'élévation dans les idées , mais la nature y
est trop souvent sacrifiée aux conventions , et ce
fut toujours à contre-cœur qu'il consentit à ce
sacrifice.

Ses principes dans son Art étaient sévères , quoiqu'il eût contribué , plus qu'aucun autre compositeur de son tems , à leur donner de l'extension et
de la flexibilité. Quelque richesse qu'il sût répandre
au besoin dans son orchestre , il désapprouvait le

luxe d'harmonie qu'on y prodigue aujourd'hui. Il aurait voulu conserver toujours à la voix sa suprématie : il aurait voulu que les dessins figurés des instrumens eussent toujours pour but d'exprimer ce que les paroles, ou l'action des personnages, ou le lieu de la scène indiquent, et que la voix ne peut rendre. Des accompagnemens figurés, sans nécessité, sans objet, comme les emploient en Italie les plus fameux compositeurs, ne lui paraissaient que des contre-sens et des abus de l'Art ; il n'approuvait nullement ces dessins *obstinés* d'accompagnement, qu'Iomelli mit le premier à la mode, et qui se prolongent uniformément dans presque toute l'étendue d'un morceau, quoique les paroles offrent des nuances de sentiment ou d'idées qui en exigeraient dans la musique. Des multitudes d'instrumens divers, des effets continus d'orchestre, des masses indigestes d'harmonie, et une éternelle affectation de dissonnances, comme la mode est venue de les employer en France, étaient pour lui une vraie monstruosité.

« On a bientôt appris, disait-il, tout ce qui peut entrer dans l'harmonie : ce n'est pas ce qu'on y peut mettre qui est difficile à savoir, c'est ce qu'on en doit ôter. Les quatre parties d'instrumens à cordes, qui sont le fond de l'orchestre, se prêtent presqu'également à toutes les expressions. Il n'en est pas ainsi des instrumens à vent et de ceux de percussion. Le hautbois a une expression qui n'est point celle de la clarinette, laquelle à son tour en a une très-différente de la flûte. Les cors en changent selon le ton où on les emploie : le basson, dès qu'il ne se confond pas avec la basse, devient triste et mélancolique : les trombones ne peuvent exprimer rien que de lugubre ; la trompette rien que de guerrier et d'éclatant : l'assourdissante timballe est toute militaire, et dès que je l'entends, je m'attends à voir défiler de la cavalerie. Si l'on réservait à chacun de ces instrumens l'emploi que la nature même lui assigne, on produirait des effets variés, on réussirait à tout peindre, et l'on diversifierait sans cesse ses tableaux ; mais on jette tout à pleines mains, tout à la fois, et toujours. On blase, on endurcit l'oreille, on ne peint plus rien au cœur ni à l'esprit dont elle est la route. Je voudrais bien savoir ce qu'on fera pour la réveiller, lorsque, ce qui arrivera promptement, elle se sera faite à ce vacarme, et de quelle nouvelle diablerie on s'avisera. Peut-être voudra-t-on alors revenir à la nature et aux véritables moyens que l'Art avoue ; mais vous savez ce qui arrive aux palais émoussés par des liqueurs fortes : d'ailleurs on se met, en quelques mois, dans la tête tout ce qu'il faut savoir pour exagérer ainsi les effets : on n'apprend qu'avec beaucoup de tems et d'étude à en produire de véritables. Comment hésiterait-on sur le choix ? »

Il réprouvait l'entassement des modulations comme celui de l'harmonie. » Moduler, disait-il, c'est faire route, c'est aller quelque part : l'oreille veut bien vous suivre, elle demande même à être ainsi promenée ; mais c'est à condition que lorsqu'elle est arrivée où vous l'avez conduite, elle y trouvera quelque chose qui la paye de son voyage, et qu'elle s'y reposera quelque tems. Si vous la voulez faire toujours courir, sans lui donner ce qu'elle demande, elle se lasse, ne vous suit plus, vous laisse courir seul; et toute la peine que vous prenez est perdue.

» Moduler, disait-il encore, n'a en soi rien de difficile : il y a une routine pour cela, comme pour tout ce qui est du métier. La preuve en est dans les modulations enharmoniques qui paraissent aux ignorans le comble de la science, et qui sont des jeux d'écolier. C'est de créer du chant dans une modulation donnée, de n'en sortir qu'à propos, d'y revenir sans dureté et sans fadeur, de faire du changement de modulation comme de tous les autres procédés de l'art, un moyen d'expression juste et de variété sage ; c'est-là ce qui est difficile. Mais quitter un ton dès qu'à peine on y est entré, se jeter dans des écarts sans raison et sans fin, aller par sauts, par bonds, seulement pour aller, et pour changer de lieu, parce qu'on ne sait pas se tenir où l'on est ; enfin, moduler pour moduler, c'est prouver qu'on ignore le but de l'art comme ses principes, c'est affecter une surabondance d'imagination et de savoir, pour cacher la disette de l'un et de l'autre (82). »

Il blâmait aussi la manie de changer brusquement de mouvement et de motifs dans un air, ou dans un autre morceau de musique. Le Compositeur qui ne sait pas plier le motif qu'il a pris aux variétés d'expression que les paroles exigent ; qui ne sait pas tirer une phrase de chant et d'accompagnement d'une autre phrase, joindre à ce qui fait le fond de son sujet des traits épisodiques, et donner à toutes ces parties du même tout l'ensemble et l'unité qui est une des lois fondamentales de tous les arts, n'était à ses yeux qu'un croque-notes et un barbouilleur de papier.

Ce qu'il prisait le plus en musique c'était l'originalité, l'invention. A ce titre, Scarlatti, Vinci, Porpora, Hasse, Iomelli, Galuppi, étaient parmi les Compositeurs qui l'avaient précédé, ceux qu'il estimait davantage. Il analysait avec beaucoup de sagacité leurs qualités particulières, et ce que chacun d'eux avait ajouté à l'Art. Hasse, qu'en Italie on appelle plus ordinairement *il Sassone*, et Galuppi, qu'on y nomme aussi plus souvent *Buranello*, avaient surtout ses préférences, et plus particulièrement encore ce dernier, dont il louait souvent le profond savoir, la facilité, la grâce et l'inépuisable fertilité. C'est celui de tous avec lequel il avait le plus de rapports dans sa manière d'écrire ; il en avait même, assure-t-on, dans sa manière d'être ; et pour achever la ressemblance, Buranello avait, comme lui, mis en musique deux Opéra-Comiques, dont les paroles étaient de son fils (83).

C'est un objet d'étude intéressant et utile en musique, que d'observer dans chacun de ces maîtres célèbres la part qu'il a eue à la création des formes musicales qui existent aujourd'hui. C'est cette étude qui peut apprendre combien, parmi tant de musiciens habiles, le nombre des inventeurs est borné, et combien, malgré le désavantage de venir après ces génies créateurs, Piccinni cependant a été créateur lui-même. On lui doit non-seulement un nombre infini de motifs nouveaux et de chant et d'orchestre, mais une coupe nouvelle dans les airs, dans les duo, et surtout dans ces finals qu'il a plutôt créés que perfectionnés, et qui font la principale richesse du Théâtre - Lyrique en Italie (84). Au jugement des Italiens, il n'a point eu d'égal dans le genre bouffon, dont les plus heureuses inventions lui sont dues; et dans le genre sérieux, où il est égal en force et en noblesse aux plus grands maîtres, il a souvent mis une expression naturelle, une grâce et une nouveauté piquantes qui n'appartenaient qu'à lui.

Le simple récit de sa vie a fait voir quelles qualités d'esprit il joignait à une science si profonde dans son art et à un si beau génie. Sa philosophie, mise à tant d'épreuves, n'était pas seulement en paroles mais en actes. Son désintéressement était extrême; les besoins de sa famille qu'il s'étudiait sans cesse à prévenir, et ceux de sa bienfaisance, qui renaissaient à l'aspect de tous les malheureux, lui auraient fait sentir le prix de l'argent, si la noblesse et l'insouciance de son caractère ne le lui avaient toujours fait oublier. Il était bon mari, père tendre, excellent ami. Il possédait, en un mot, les vertus qui devraient être préférées aux qualités aimables, les qualités aimables qui ne dispensent que trop souvent des vertus, et assez des unes et des autres pour se faire pardonner le génie et l'éclat des talens, pour laisser après lui, quand même il n'eût pas été un artiste aussi célèbre, un souvenir précieux et de longs regrets.

FIN DE LA NOTICE.

NOTES.

Page 4. (1) On trouve une partie des détails suivans dans l'*Essai sur la Musique* de Laborde : j'ai le droit de les y reprendre. Lorsqu'on imprimait son ouvrage, un Amateur connu à qui il avait demandé des notes pour faire l'article *Piccinni*, me passa cette demande, sachant l'intimité dans laquelle je vivais avec lui, et la connaissance que j'avais dès-lors de sa vie et de ses ouvrages. Je rédigeai ces notes à la hâte, croyant qu'elles ne serviraient que de matériauxpour l'article. Quand parut le gros *Essai* en 4 vol. in-4°, je fus très-surpris de trouver dans le 3ᵉ cet article composé tout entier et mot pour mot de mes notes. En les reprenant aujourd'hui, selon mon droit, pour les placer ici, j'y ajoute des développemens et des faits, ou que j'ai appris depuis, ou qui ne me parurent pas convenir au cadre qui leur était alors destiné.

Page 8. (2) Où se trouve le joli Duo *Vado a vold la rota.*

Ibid. (3) Entre plusieurs morceaux de la plus grande expression, on y distingue l'air : *Si soffre una tiranna* ; le Duo *Va , ti consola, addio* ; et sur-tout l'air sublime : *Lasciami, o Ciel pietoso.*

Page 11. (4) *Le Peintre amoureux, Mazet, les Chasseurs et la Laitière, la Clochette, les Moissonneurs, et les Sabots.*

Page 15. (5) Remarquez que dans ces deux finals l'Auteur n'a point paru chercher ce qu'on appelle des effets de musique ; le chant et l'orchestre n'y sont consacrés qu'à exprimer le *sens des paroles* : le mouvement ne change que quand la scène l'exige, et la scène ne parait pas changer exprès pour amener le changement de mouvement et de mesure. Le Poëte n'a mis à la fois sur le théâtre que les personnages que le cours de l'action y devait amener ; tout est naturel et vrai ; tout est vivant, animé : on croit voir une action réelle. C'est à quoi Piccinni s'est toujours appliqué dans ses opéra-bouffons italiens, quoique dans la suite il ait donné plus d'étendue à ses morceaux d'ensemble. La coupe variée de chaque final et les nuances musicales qu'il y a répandues sont toujours dictées par la scène, par le caractère et la situation des Acteurs. La partie instrumentale y est riche et abondante ; mais elle ne

domine pas, comme il n'arrive que trop souvent ; et l'on ne voit
jamais dans le Compositeur le dessein de produire des effets et
des contrastes, quoiqu'il en produise toujours.

Page 17. (6) Outre ces deux morceaux et plusieurs autres, il y
a encore dans cette Olympiade de Piccinni une grande et belle scène
avec récitatif obligé, suivi d'un air de mouvement, sur ces paroles
ajoutées au Poëme : *Fra mille dubij o Dio !* qui fut applaudi,
comme on dit en Italie, à faire tomber la salle ; tous les amateurs
l'ont recueilli ; il fait encore aujourd'hui le plus grand effet dans
les concerts, et il en ferait de même au théâtre.

Page 18. (7) Paësiello seul est sorti de pair dans un des plus beaux
Duo qu'il ait faits. Le premier morceau n'est point un *Cantabile*,
un *Largo* : c'est un mouvement modéré, mais rendu plus touchant
par le mode mineur dans lequel il est écrit, par un chant expressif
et quelquefois un peu antique, par un motif d'accompagnement
plaintif et long-tems uniforme : suivi d'un morceau rapide,
plein de feu, de chocs et de contrastes de chant et d'harmonie,
qui atteignent peut-être au plus haut degré de pathétique et d'expression musicale.

Page 20. (8) Je sais que ce mot est étranger à notre langue ;
mais il n'y en a point de meilleur pour signifier un homme qui joue
des instrumens. Je l'ai hasardé dans d'autres occasions ; et des juges
sévères en fait de langue ont pensé qu'il devait obtenir des lettres
de naturalisation.

Page 21. (9) Voyez *Essai sur la Musique*, tom. 3, p. 164.

Ibid. (10) C'est là que se trouvent les airs charmans : *Digli
ch' io son fedele ; Se possono tanto due luci pezzose ;* les deux beaux
airs de bravoure : *Vedrai con tuo periglio,* et *Destrier che all' armi
usato ;* le superbe Duo : *Se mai più sarò geloso ;* l'Air dramatique et nouveau: *Dov' è ? s'affretti per me la morte ;* et par-dessus
tout, la Scène et l'Air admirable : *Se il Ciel mi d'vide,* tant de
fois applaudi en France, et qu'on ne se lasse jamais d'entendre.

Page 23. (11) Mot purement italien, mais que nous pourrions
franciser comme celui d'*instrumentiste ;* il signifie proprement le
séjour de quelque durée qu'on fait dans une *villa* ou maison de
campagne. Son rapport avec le mot français *village* pourrait nous
le faire adopter.

Page 23. (12) J'ai rapporté ce trait dans la seconde partie, imprimée depuis long-tems , mais non encore publiée , du Dictionnaire de Musique de l'Encyclopédie , au mot EFFETS *de la Musique.* Les circonstances du fait ne sont pas sans intérêt. Ce qui rendait si dangereux l'état de la Princesse Belmonte , c'est qu'elle ne proférait pas une seule plainte et ne versait pas une seule larme. Déjà plus d'un mois s'était écoulé, depuis la mort de son mari, sans qu'il y eût le moindre changement, le moindre adoucissement à cette position effrayante. Seulement vers la chûte du jour, on portait la malade dans ses jardins; mais ni l'aspect du plus beau ciel, ni la réunion de tout ce que l'art ajoutait sous ses yeux aux charmes de la nature, ni même l'attendrissante obscurité du soir, rien ne pouvait amener en elle ces douces émotions, qui, donnant une issue à la douleur, lui ôtent ce qu'elle a de poignant et d'insupportable.

Raff passant alors à Naples pour la première fois, voulut voir ces jardins, célèbres par leur beauté : on le lui permit, mais en lui recommandant de ne pas approcher de tel bosquet, où était alors la Princesse. Une des femmes de sa suite sachant que Raff était dans le jardin, proposa à madame de Belmonte, non pas de l'entendre , mais de le voir, et de lui permettre de venir la saluer. Raff approcha : en l'allant chercher on lui avait fait sa leçon. Après quelques momens de silence, la même femme pria la Princesse de permettre qu'un Chanteur aussi fameux, qui n'avait jamais eu l'honneur de chanter devant elle , pût au moins lui faire entendre le son de sa voix, et seulement quelques strophes d'une chanson de Rolli ou de Métastase : le refus n'ayant pas été positif, Raff interpréta ce silence, et s'étant placé un peu à l'écart, il chanta le premier couplet d'une chanson très-touchante de Rolli, qui commence par ce vers :

Solitario bosco ombroso.

Sa voix, qui était alors dans toute sa fraîcheur , et l'une des plus belles et des plus touchantes que l'on ait entendues, la mélodie simple, mais expressive, de ce petit air, les paroles parfaitement adaptées au lieu, aux personnes, aux circonstances, tout cela ensemble eut un tel pouvoir sur des organes qui semblaient depuis long-tems fermés et endurcis par le désespoir, que les larmes coulèrent en abondance. Elles ne s'arrêtèrent point pendant plusieurs jours ; ce fut ce qui sauva la malade, qui sans cette effusion salutaire eût immanquablement perdu la vie.

Page 23. (13) Il en avait aussi pour elle toute la tendresse. J'ai été témoin de sa profonde douleur, lorsque cinq ou six ans après, il apprit en France la mort de cette femme respectable.

Page 25. (14) Outre ceux que j'ai déjà cités, on distingue, dans le genre bouffon : *la Molinarella*, *lo Stravagante*, *l'Ignorante astuto*, *la Locandiera di spirito*, *la Corzara*, *i Sposi perseguitati*, *la Cecchina maritata*, *i Napolitani in America*, *il Vagabondo fortunato*, *Gelosia per Gelosia*, *le Contadine bizarre*, *le Vicende della sorte*, *le Quattro nazioni*, *il Baron di Torreforte*, *lo Sposo burlato*, *le Finte gemelle*, *il Sordo*, *il Cavaliere per Amore*, *la Sposa collerica*, *i Stravaganti*, *l'Americano ingentilito*, etc. ; et dans le genre sérieux : *il Caio Mario*, *il Demofonte*, *il gran Cid*, *il Rè pastore*, *il Demetrio*, *l'Antigono*, *il Tigrane*, *il Ciro*, *la Didone*, *l'Ipermestra*, deux fois *l'Olimpiade*, deux fois *l'Artaserse*, deux fois *l'Alessandro nell'indie*, etc.

Page 26. (15) A l'hôtel d'Angleterre, près la place du Palais-Royal.

Page 30. (16) Voyez la brochure intitulée : *le Souper des enthousiastes.*

Page 32. (17) Cette prédilection existait en lui lors même qu'il ne connaissait encore Rousseau que par des traductions italiennes. C'était en honneur de la Nouvelle Héloïse qu'il avait nommé ses deux plus jeunes filles *Giulia* et *Chiarella*, Julie et Claire.

Page 34. (18) *Journal de Paris*, du 19 février 1777. Pour déguiser le vrai sens et la dureté de ce mot, le journaliste ajoutait niaisement : « On sait que ces deux poëmes sont très-estimés en Italie. » Oui, l'on y fait sans doute quelque cas du petit poëme burlesque de l'*Orlandino*, production bizarre du bizarre auteur de *Merlin Coccaïe* (*). Mais prétendre qu'on y fait quelque comparaison entre cette folie en douze chants, et l'immense et admirable poëme de l'Homère Ferrarois ; vouloir le faire croire au public, ou le croire soi-même, c'est ce qui n'a point de nom, ou qui n'en a du moins aucun que l'on puisse prononcer ou écrire avec politesse.

(*) Le nom de ce Poëte macaronique est Teofilo Folengo.

Page 34. (19) Gluck oubliait qu'il n'y avait qu'*Iphigénie* et *Armide* qui eussent pu lui user la fantaisie ; *Orphée* et *Alceste*, traduits de l'italien en français, sur la musique, étaient composés depuis trop long-tems pour qu'une *fantaisie*, même peu féconde, n'eût pas eu le tems de se remettre et de faire un nouveau fond d'idées musicales.

Page 38. (20) On peut citer le premier air d'Angélique : *Quel trouble hélas ! quelle rigueur !* Le second : *Oui, je le dois, je suis Reine* ; le récit de Médor et ses deux charmans airs : *Je la verrai, c'est assez pour ma flamme,* et *vous servir est ma seule envie* ; le beau duo entre Angélique et Médor : *Vivez heureux loin d'elle* ; l'air si touchant et si nouveau d'Angélique : *Je renonce à ce que j'aime* ; l'air de bravoure si brillant et si librement jeté de Médor, à la fin du premier acte ; dans le second, les deux airs d'Angélique : *Non, je ne cherche plus cette source terrible,* et *C'est l'Amour qui prend soin lui-même* ; la belle scène de Roland, suivie de l'air : *Tu sais ce que j'ai fait pour elle* ; son duo avec Angélique et son air plein d'énergie et de chaleur : *Je me reconnais, je respire* ; enfin, dans le troisième acte, l'air agréable du même Roland : *De l'aimable objet qui m'enchante,* qui cependant ne sort point de son caractère héroïque, et son beau monologue : *Ah ! j'attendrai long-tems, la nuit est loin encore,* suivi et presque interrompu par le charmant chœur des bergers et le divertissement de la noce de village, etc.

Si quelque chose manquait à Roland, c'était une fin plus vigoureuse du rôle de ce héros ; mais Piccinni n'avait pu mettre dans sa musique un air qui n'était pas dans le poëme. Cette omission fut réparée à la reprise, et l'air terrible : *Que me veux-tu monstre effroyable ?* vint terminer de la manière la plus énergique ce bel Ouvrage.

Une petite circonstance peu connue, et qui peut trouver ici sa place, c'est que le duo du premier acte fut d'abord parodié de l'italien. On avait entendu dans des concerts particuliers le duo de l'Olympiade de Piccinni : *Ne' giorni tuoi felici.* L'effet qu'il y avait produit fit penser à Marmontel qu'il n'en ferait pas moins au théâtre. Il mit plusieurs amateurs dans son parti, et ils prièrent en grâce l'Auteur du duo de l'Olympiade, de permettre qu'il devînt le duo de Roland. Après quelque résistance, il y consentit. Marmontel emporta chez lui le duo, et le lendemain matin, Piccinni fut agréablement surpris de voir avec quelle adresse il avait

suivi dans les vers français la coupe et la mesure de tous les vers
italiens de Métastase, et fait dire des choses différentes à ses Acteurs,
en conservant pourtant, dans ce qu'ils disaient, la teinte de sentiment qui avait décidé le caractère de la musique. Mais quand il
fut resté seul, il trouva qu'il y avait beaucoup à dire : que la pro-
nonciation et la prosodie étaient gênées dans plusieurs endroits, que
le rapport entre les tems forts et faibles de la musique, et les syl-
labes fortes et faibles des paroles, était souvent mal observé, ce qui
était contraire à ses principes et à sa pratique constante, en français
comme en italien ; qu'enfin cette très-bonne parodie n'aurait jamais
pour les connaisseurs, le mérite d'une composition originale. Il voulut lui rendre ce mérite, et il ne lui fallut que le vouloir. Marmontel
fut bien surpris, à son tour, lorsqu'il entendit le lendemain, sur
ses paroles, une musique toute nouvelle, et qui ne ressemblait en
rien ni pour le chant, ni pour les accompagnemens, à la première.
Il n'y a que le commencement du mouvement *allegro*, où il reste
entre les deux duo quelque trace de ressemblance. Elle est comme
l'empreinte originale qui consacre cette anecdote.

Page 41. (21) Au mois d'août 1777.

Page 42. (22) Si j'ai oublié son nom, je n'ai pas oublié de même
sa grande figure noire, hétéroclyte et rebarbative ; ses mains velues,
chargées de bagues, la roideur de sa haute taille qui ne se pliait
jamais. C'était un grand Orang-Outang, le chapeau à plumet sous
le bras, et l'épée au côté.

Page 45. (23) L'Auteur était un nommé Cocquéau, alors élève
en Architecture, et qui depuis, a péri sous le régime de la terreur.

Ibid. (24) La pièce la plus modérée, mais non pas la moins
maligne qui parut à propos de cette brochure, est cette déclaration insérée dans le Journal de Paris (4 juillet 1779) au nom de
tout le parti, mais où l'on crut reconnaitre le style et le tour d'esprit de l'Auteur des *Lettres d'un anonyme de Vaugirard.*

« Notre enthousiasme pour les productions sublimes de M. le
Chevalier Gluck, justifié par les succès brillans et soutenus de ses
nombreux Ouvrages, ne nous empêche point d'honorer les talers
partout où nous les apercevons, et de rendre par conséquent à
M. Piccinni toute la justice qui lui est due. Notre estime, pour
être proportionnée, n'est rien moins qu'exclusive. Tels sont les sentimens du grand nombre des partisans de M. le Chevalier Gluck ;

et le silence qu'ils ont gardé sur l'Opéra de Roland, etc., etc., prouve assez les égards qu'ils ont pour M. Piccinni.

» C'est d'après cette façon de penser et d'agir que nous nous empressons de désavouer, de blâmer et de proscrire, autant qu'il dépend de nous, une brochure qui parait sous le titre d'*Entretiens sur l'état actuel de l'Opéra de Paris.*

» L'Auteur de cette brochure, en affectant de critiquer d'une manière outrée et ridicule les Ouvrages de M. le Chevalier Gluck, et de prodiguer des éloges plus outrés et plus ridicules encore à la musique de Roland, s'est manifestement proposé, par des contre-vérités si palpables, de persiffler M. Piccinni et d'indisposer le public contre lui. Une méchanceté si réfléchie est sans doute impardonnable, et nous serions extrêmement fâchés qu'on nous soup-çonnât d'avoir employé cette ruse perfide et malhonnête pour affliger un Compositeur estimable et le priver de l'indulgence dont il peut avoir besoin pour les Ouvrages qu'il se propose de donner par la suite.

» Nous vous prions de vouloir bien insérer cette déclaration de nos sentimens dans une de vos plus prochaines feuilles, et de nous croire très-sincèrement, Messieurs, vos humbles, etc. »

Les Gluckistes.

Les Piccinnistes répondirent, ou plutot celui d'entre eux, qui dans d'autres occasions avait pris le nom de *Mélophile*, répondit de son chef, mais en leur nom, par la contre-déclaration suivante :

« Messieurs, notre admiration pour M. Piccinni est si peu exclusive, que nous l'accordons également à tous les grands maitres italiens, anciens et modernes. Nous croyons, avec toute l'Europe, qu'il n'y a d'autre musique que l'italienne, et qu'il est un des plus habiles Compositeurs qu'ait jamais eus l'Italie : voilà tout. Nous louons même avec plaisir ce qu'il y a de bon dans les Ouvrages de M. Gluck, c'est-à-dire, ce qui s'y rapproche le plus du genre italien, comme presque tout Orphée, et plusieurs morceaux de ses autres opéra. Si quelque chose a pu nous indisposer contre lui c'est le fanatisme de ses partisans, c'est la suprématie usurpée qu'ils ont prétendu lui donner, ce sont les erreurs où ils l'ont entrainé, en lui faisant quitter, pour une musique qu'ils appellent grecque, pour une prétendue mélopée, le genre plus sage, qu'il avait emprunté de ses maitres.

» Le sentiment d'un particulier n'est pas toujours, sans restriction, celui du corps dont il est membre. Nous ne voulons ni défendre ni condamner la brochure intitulée : *Entretiens sur l'état actuel de l'Opéra de Paris*, c'est au public à la juger ; mais nous déclarons et certifions que les éloges que l'on y donne à M. Piccinni, ne sont rien moins qu'une ironie. Après ce que les Gluckistes se sont permis dans le genre admiratif, ont-ils le droit de fixer des bornes dans ce même genre ?

« Leur modération au sujet de Roland est vraiment méritoire ; mais ont-ils oublié les plaisanteries sur l'*Orlandino*, et les belles dissertations sur le monologue du troisième acte, et l'attaque gratuite de l'un d'entre eux, sur un repos final et sur une faute de ponctuation, quoiqu'il n'y eût ni faute de ponctuation, ni repos final ? Au reste, nous déclarons encore que si l'Auteur de la brochure a eu un tort, c'est de comparer M. Piccinni à M. Gluck. Ce parallèle était inutile ; mais il ne peut en aucune manière nuire à M. Piccinni, qui a tout aussi peu besoin d'éloge que d'indulgence. Il ne faut point de prôneurs à la bonne musique, mais bien des apologistes à la mauvaise ; et quand M. Piccinni n'existerait pas, ou quand on ne trouverait rien de bon dans ses Ouvrages, ceux de M. Gluck n'en vaudraient pas mieux. »

Nous avons l'honneur d'être, etc.   LES PICCINNISTES.

Page 46. (25) Marmontel était à ce souper : il en a parlé d'une manière piquante, mais avec l'exagération que la poësie permet, dans le huitième chant de son poëme sur la musique, dont il n'y a que six chants imprimés dans ses Œuvres.

A ce souper l'Allemand politique
Crut devoir taire et cacher son dépit.
Il serait mort comme Caton d'Utique ,
Mais dans le vin sa douleur s'assoupit.
Par les Plaisirs la table était servie ,
Le vin coulait , et bientôt la gaîté
Donna l'essor à la sincérité.
C'est le moment le plus doux de la vie ,
Et Piccinni par sa simplicité ,
Semblait charmer les serpens de l'envie.
Il verse à Gluck , le flatte , lui sourit.
Gluck qui s'énivre , en buvant s'attendrit.

Mon doux rival , lui dit-il , dans le verre
Noyons tous deux la discorde et la guerre.
Comme tes chants mon bruit a réussi :
Je suis content. Mon secret , le voici :
J'ai fait semblant d'estimer la louange :
Mais c'est de l'or qu'il faut gagner ici ;
Et notre gloire est en lettres de change.

On t'aura dit que je suis charlatan,
Que pour du beau j'ai donné de l'étrange ;
Mais la musique est de l'orviétan :
Suis mon exemple, et fais-toi sans scrupule
Un parti fort de prôneurs aguerris.
Avec des mots, l'impudence à Paris
Mène à son gré la sottise crédule.
Ce peuple est vain, suffisant, ridicule :
A son oreille il ne faut que des cris.

   Tu dois trouver mon chant plat ou baroque,
Le tien est beau ; mais pour qui le fais-tu ?
Pour quelques gens délicats ? Je m'en moque,
Ce succès là ne vaut pas un fétu.
Et qu'on me donne un sujet bien atroce,
Quelque tyran, quelque peuple féroce,
Un bon Enfer : alors je te promets
De revenir plus bruyant que jamais.

Page 51. (26) L'air si touchant et si noble d'Atys : *Amans qui vous plaignez, vous êtes trop heureux*, qui ouvre le premier acte ; l'air agité de Sangaride : *Est-il un destin plus cruel* ; la grande et belle scène entre les deux Amans, qui commence par ce vers si connu : *Sangaride, ce jour est un grand jour pour vous*, et qui, coupé de ritournelles, de récitatifs obligés, et de cavatines expressives, se termine par le magnifique duo : *Hélas ! si dans ma peine*, moins brillant peut-être, et plus difficile à saisir que celui de Roland, parce qu'il est moins simple, mais qui lui est supérieur, comme je n'ai pas hésité à le dire dans une autre occasion (*), par l'élévation des idées, la grandeur du dessin, le contraste et l'enchaînement des parties, la force de l'expression, et par cet esprit d'originalité, de création et de vie dont il est animé depuis la première phrase jusqu'à la dernière ; l'air agréable et piquant de Cybèle : *Je ressens un plaisir extrême* ; l'admirable monologue d'Atys : *O funeste amitié, confiance accablante*, et son air si neuf, si expressif, si véritablement rempli d'agitation et de trouble : *Quel trouble agite mon cœur* ; suivi de ce morceau plus admirable encore, devenu célèbre parmi les plus sublimes productions de l'art, sous le nom de *Sommeil d'Atys* ; l'air menaçant de Cybèle : *Tremblez ingrats de me trahir*, qui contraste, par son fracas et son désordre, avec le calme céleste dont on vient de jouir ; l'air touchant, simple et pathétique de Sangaride : *Malheureuse ! hélas ! j'aime encore* ; la scène intéressante et le charmant

(*) Mercure de France, du premier février 1783.

duo : *Jurons de nous aimer toujours* ; enfin , le superbe quatuor qui le suit , production admirable dans ses détails et dans son ensemble, morceau éminemment dramatique, si l'on ne veut pas détourner ce mot du seul sens juste et raisonnable qu'il puisse avoir..... que de beautés dans un seul ouvrage ! que de chef-d'œuvres dans un seul chef-d'œuvre !

Page 51. (27) On a beaucoup parlé du *Sommeil d'Atys* : on l'a beaucoup loué, mais en termes généraux , et seulement comme un morceau plein de grâces, du chant le plus agréable et de l'effet le plus doux. On 'n'a pas assez observé l'art qui y règne , les ressources que l'artiste s'est menagées , et les dispositions savantes qu'il a faites dans ce qui ne parait d'abord qu'une production heureuse et presqu'irréfléchie de la nature. Je me suis interdit, dans le texte de cette Notice, tout détail et toute analyse, en parlant de tant de productions qui pourtant en seraient si dignes: leur nombre même ne le permettait pas. Mais je ne crois pas déplaire aux Amateurs, en plaçant ici ce que j'écrivis sur ce morceau, l'un des plus parfaits que je connaisse , en rendant compte de la reprise de l'Opéra d'Atys ; je tâchai surtout de faire sentir la couleur vraie qui règne dans tout ce tableau, son ordonnance simple et riche en même tems, et l'adresse infinie dont le peintre a eu besoin pour se varier dans un sujet si étendu , où l'uniformité paraissait inévitable, où il ne semblait pas qu'il pût employer la magie du clair-obscur, où surtout sollicitant, commandant même une attention générale et prolongée, il ne pouvait espérer grâce pour la moindre négligence.

« A peine l'air pathétique et agité d'Atys: *Quel trouble agite mon cœur ?* est-il fini, qu'on entend sortir, du fond de l'orchestre, des sons doux, liés, soutenus, paisibles, qui se succèdent, s'enchainent, se répondent, qui montent insensiblement des cordes les plus basses aux plus élevées, pour retomber ensuite, et pour exprimer cette *froide langueur,* qui *se répand* dans tous les sens d'Atys, en sorte qu'on l'a déjà deviné, lorsqu'il dit:

<blockquote>
Je succombe ; et je sens une froide langueur
Dans tous mes esprits se répandre.
</blockquote>

Le retour du premier trait de chant instrumental et d'harmonie, ajoute encore au calme qu'il éprouve : ses paupières commencent à s'appésantir.

<blockquote>
Le sommeil vient-il me surprendre ?
Hélas ! des malheureux, c'est l'unique douceur.
</blockquote>

Rien de plus attendrissant que cette réflexion du poète, si ce n'est la manière dont le Musicien l'a rendue. Il n'est peut-être pas inutile de remarquer qu'en finissant ces mots : *Le sommeil vient-il me surprendre ?* l'accompagnement passe tout à coup du ton majeur de *mi* b, à celui d'*ut* tierce majeure, et s'appuie doucement sur un accord imprévu, qui procure à l'oreille une agréable surprise. Cette observation peut paraître minutieuse ; elle le serait si on y attachait trop d'importance ; mais elle peut contribuer à prouver avec quelle fidélité Piccini s'attachait à rendre le sens des paroles. Ce trait n'a sûrement point été l'effet d'une combinaison, ni la suite d'un raisonnement : mais composant par inspiration, et pénétré lui-même du sentiment qu'il avait à peindre, les moindres mots lui ont fourni des images, et il a trouvé, sans réflexion, dans son art et dans son génie, le secret de toutes ces nuances délicates.

Atys cède enfin au sommeil. Jusqu'ici tout le charme est produit par une seule partie de l'orchestre, celle des instrumens à cordes. La partie la plus séduisante, la plus féconde en sensations tendres et voluptueuses, celle des flûtes, des cors, des clarinettes, vient achever l'enchantement ; et c'est avec cette nouvelle magie que recommence, pour la troisième fois, cette symphonie délicieuse, qui s'étend et se développe à mesure que descend le Dieu du sommeil, et que le grouppe de nuages dont il est environné se répand lentement sur la scène. Après la première phrase musicale, au lieu de poursuivre en majeur, comme la première fois, on passe subitement au mode mineur, dont l'expression est toujours plus touchante ; et c'est encore une ressource que l'habile artiste s'était ménagée pour graduer les effets, et mettre de la variété dans ce qui n'en paraissait pas susceptible.

Enfin les Songes suivans de Morphée viennent chanter, en son honneur, cet hymne si long tems attendu, si avantageusement annoncé, et qui tient tout ce que l'Auteur avait promis. C'est là qu'il a déployé toutes les richesses d'une imagination modérée par le goût, qui sait s'arrêter à propos, et ne passe jamais le but qu'elle atteint toujours.

> Régnez, divin sommeil, régnez sur tout le monde :
> Répandez vos pavots les plus assoupissans :
> Calmez les soins, charmez les sens.

Le chant de ces trois premiers vers était déjà répandu dans les

différentes parties de la ritournelle ; mais le Compositeur tenait en
réserve celui du quatrième :

Retenez tous les cœurs dans une paix profonde ;

Chant pur et presque céleste, qui doit son effet, non-seulement à ce qu'il est en lui-même, mais au contraste qu'il forme,
avec le passage d'harmonie mineure auquel il succède, et sur
lequel et les voix et l'orchestre viennent de se reposer. Une voix
seule le fait d'abord entendre ; et tous les autres l'accompagnent
ensuite : autre nuance, autre source de variété.

Un nouveau motif d'accompagnement vient alors former une
sorte d'épisode au milieu de cette belle scène ; et cependant les
parties de chant se jouent, pour ainsi dire, en se répondant
l'une à l'autre, sur ces paroles : *Calmez les soins, charmez les
sens.* Elles modulent avec aisance, et de retour au ton principal, elles se rassemblent et s'arrêtent une seconde fois sur le
mode mineur, d'où s'élève encore le chant : *Retenez tous les
cœurs, etc.*, avec cette différence qu'il était dans la bouche
d'une *haute-contre*, et que cette fois il reçoit d'une voix de
femme un nouveau degré d'intérêt et un nouvel effet.

Ces derniers mots : *dans une paix profonde*, sont exprimés,
en finissant, d'une manière qui couronne parfaitement ce chef-
d'œuvre, où l'on découvre toujours des beautés qu'on n'avait
pas aperçues, et qui, pour me servir de l'expression d'un homme
célèbre, juge irrécusable d'un art, où il avait lui-même peu
de rivaux, de Sacchini, fera éternellement honneur à l'Italie. »

Page 52. (28) Tels entr'autres que l'air de Pylade : *Oreste,
au nom de la patrie*; le beau trio : *Si mon cœur ressent leurs
alarmes, etc.*

Pour faire juger par un exemple du style de ce poëme, avant
qu'il eût été retouché, il me suffira de mettre ici les paroles de cet
air de Pilade, telles que l'auteur les avait faites. Les voici très-
fidèlement copiées sur son manuscrit :

Le sang d'un ami
Du ciel attendri
Fléchira la justice.
Son courroux enflammé
Peut-il n'être pas désarmé
Par un si touchant sacrifice ?

Il n'y avait pas un mot de plus ; et cela était intitulé : *Air tendre*;
et c'était ainsi que tout le Poëme était écrit. Quel pouvait donc être

le but de M. Devismes, en le donnant à Piccinni, en lui recommandant, ou plutôt en lui imposant le plus profond secret? Et qu'aurait-il fait autre chose, s'il eût voulu le sacrifier et le perdre?

Ibid. (29) Il est, comme on sait, du C. Guillard, que cet Ouvrage, *Œdipe à Colonne*, et plusieurs autres, placent au premier rang parmi les Poëtes qui se sont consacrés à ce Théâtre.

Ibid. (30) Au premier acte, l'air : *O jour fatal*, etc. ; la Cavatine : *Diane, suspends ton courroux* ; le Récitatif obligé, suivi de l'air si touchant et si suave : *Ah! m'est-il permis d'espérer?* au troisième, les airs : *Quel tourment, quel triste destin! et Oreste est mort! malheureux frère!* auquel se lie le beau chœur des Prêtresses, etc.

Ibid. (31) *Fais éclater la foudre*, du second acte ; *Cruel! et tu dis que tu m'aimes*, du troisième.

Page 54. (32) Le rôle entier d'Adèle; ses airs : *Comment renoncer en ce jour : Allez remplir mon espérance : Ah! prenez pitié de mon sort* ; et son bel air à deux mouvemens : *Triste et funeste incertitude!* et l'air touchant qu'elle adresse à son père : *Est-ce à vous d'exposer vos jours*, auquel son père répond par l'air noble, simple et pathétique : *Que ta tendresse pour un père* ; le beau duo entre le père et la fille, où l'un se reproche, avec énergie, sa cruauté, tandis que l'autre console, avec tendresse, celui dont les ordres l'ont plongée dans le malheur ; deux airs du jeune Raimond, amant d'Adèle ; le quatuor brillant et dramatique : *l'hymen couronne votre attente* ; et plus que tout cela, l'air brûlant de jalousie, de menace et de fureur : *Suivons le penchant qui m'entraîne*, que chante, à la fin du premier acte, Alphonse, rival de Raimond ; tous ces morceaux sont loin d'être indignes de l'auteur de Roland, d'Atys et d'Iphigénie en Tauride : ils ont même, ce qui est le propre des ouvrages de Piccinni, une couleur particulière, assortie au genre de la pièce, et au caractère des personnages. La partition n'a point été gravée; mais je les possède tous, et je ne me livre point, en les louant, à des réminiscences infidelles.

Page 58. (33) *Il gran Cid, Tamerlano, Lucio Vero, Antigono, Nitteti, Perseo, Motezuma, Creso, Erifile, Rinaldo* : il avait donné de plus deux Opéra-bouffons : *l'Amor Soldato* et *il Calandrano*.

Page 59. (34) Son second fils et ses deux plus jeunes filles étaient depuis peu arrivés de Naples, où leur aîné, accompagné de sa femme, les était allé chercher.

Ibid. (35) Ce fut alors qu'il dit les propres mots que j'ai cités plus haut, à la fin de la note 27.

Page 60. (36) L'un d'eux eut la naïveté de lui dire qu'ils n'étaient pas étonnés des beaux airs, ni même du bon récitatif dont cet Ouvrage était rempli ; mais que la beauté des chœurs les avait beaucoup surpris dans un Compositeur italien. On se figure, à ce trait d'ignorance grossière, ce que dut penser l'élève de Durante. Les chœurs ! répondit-il en souriant avec dédain : eh ! ce sont là nos premières études : ce sont pour nous des jeux d'enfans : il ne sort pas un élève de nos Conservatoires qui ne soit en état d'en faire autant. Les Académiciens s'en allèrent sans rien rabattre de leur surprise, et sans avoir changé d'avis sur l'école italienne.

Page 62. (37). Musique d'Edelman.

Page 64. (38) Alors banquier de la Cour.

Ibid. (39) A Grignon, près de Choisy.

Page 65. (40) Le talent de cette sublime actrice prenait sa source dans son extrême sensibilité. On peut mieux chanter un air : on ne peut donner, ni aux airs ni au récitatif, un accent plus vrai, plus passionné : on ne peut avoir une action plus dramatique, un silence plus éloquent. On se rappelle encore son terrible jeu muet, son immobilité tragique, et l'effrayante expression de son visage, pendant la longue ritournelle du chœur des prêtres de Pluton, vers la fin du troisième acte, et pendant la durée de ce chœur même. Elle ne fit aux représentations que se replacer dans la position où elle s'était trouvée naturellement à cette première répétition. Assise sur le devant du théâtre, et les yeux fixés sur l'orchestre, dès qu'elle entendit les premiers sons de cette lugubre ritournelle, qu'elle ne connaissait pas, elle pâlit ; elle resta comme si elle eût entendu sa sentence, comme si déjà elle eût senti les affres de la mort. C'est ce qu'elle exprima elle-même très-énergiquement après la répétition. Quelqu'un lui parlait de cette impression qu'elle avait

paru éprouver, et qu'elle avait communiquée à tous les Auditeurs.
Je l'ai réellement éprouvée, répondit-elle ; dès la dixième ou
douzième mesure, je me suis sentie morte.

Page 68. (41) On y peut ajouter le dernier cantabile de
Didon : *Ah ! prends pitié de ma faiblesse*, peut-être le plus pathétique de tous ; mais que son étendue, l'expression qu'il
exige, et la fatigue d'un rôle si long et si continûment tragique,
obligent presque toujours de retrancher à la représentation.

Page 70. (42) Donné en 1784.

Ibid. (43) Pour justifier ce que je dis ici de la musique de
cet Opéra, il suffit de se rappeler les deux airs charmans du rôle
d'Endymion : *O doux réveil de la nature*, qui ouvre le premier acte ; et : *Ah ! si je perds mon Isménie*, qui commence
le troisième ; celui d'Isménie : *Aimez Diane* ; et le duo de ces
deux amans : *Dieu charmant ! quel tourment !* l'entrée et l'air de
l'Amour : *Mes traits et mon flambeau* ; tous les morceaux du
rôle de Diane, l'un des plus beaux qui soient au théâtre,
son air vif et passionné : *Non, rien ne peut briser ma chaîne* ;
l'air plein de noblesse et d'expression : *Viens calmer ma douleur* ; l'air sombre et tragique : *Je vais punir l'objet que j'aime* ;
et cet air, rempli, pour ainsi dire, de la turbulence d'une
passion jalouse : *Cesse d'agiter mon ame, vengeance, amour sans
espoir* ; le duo plein de chaleur, où elle menace l'Amour qui se
rit de ses menaces ; le chœur de chasse de ses Nymphes, et l'hymne
religieux de ses Prêtresses. Tout cela se trouve dans la même partition, et la place parmi les plus belles dans l'estime des Amateurs.

Page 71. (44) Ce sont assurément de beaux airs que ceux
de Pénélope, au premier acte : *Reine captive, mère craintive* ;
et : *Oui, je la vois cette ombre errante* ; c'est un chœur touchant et dramatique, que celui avec lequel elle répète ces
accens de douleur : *O malheureuse mère !* c'en est un plein
de grâce et de fraîcheur, que celui des Nymphes après l'orage :
Le jour renaît, les vents se taisent ; il est peu de scènes
aussi théâtrales, il n'en est aucune d'un genre aussi neuf,
que celle de l'interrogatoire d'Ulysse qui commence par ce vers,
Approchez, je respecte et l'âge et le malheur ; et parmi les airs
qui expriment, dans un mouvement rapide, des sentimens douloureux et pénibles, il n'en est peut-être point qu'on puisse
mettre au-dessus de cet air sublime de Pénélope, au troisième
acte : *Il est affreux, il est extrême, etc.*

9

Ibid. (45) Panurge, quant à la musique, est un très-joli ouvrage, une charmante débauche de talent et d'esprit ; et l'on avait raison de l'entourer de toute la pompe qu'exige cette folie brillante qui le caractérise ; mais on avait un tort impardonnable de traiter avec ce grossier abandon un Opéra tel que Pénélope.

J'étais alors loin de Paris : dans toutes les lettres que je reçus, on se récriait sur cette mesquinerie, sur ses tristes effets, et sur les menées qu'on employait pour les aggraver encore.

« Après un succès vainement disputé à Fontainebleau, m'écrivait Marmontel, on a eu l'impudence de refuser à M. Piccinni la gratification ordinaire. Je m'en suis plaint à la Reine, qui a trouvé cela très-mauvais, et la gratification a été payée. Mais cette vilenie n'est rien, en comparaison de celles qu'on nous a faites à l'Opéra. Imaginez-vous d'abord toutes les guenilles du magasin employées à vêtir nos Acteurs, et la mesquinerie la plus indécente dans les décorations, tandis qu'on prodiguait les dépenses les plus immodérées, pour mettre au théâtre Dardanus et Panurge. Mais madame Saint-Huberty décorait seule notre spectacle, et il avait un plein succès. Il a fallu, pour le dégrader, faire ce qu'on n'avait jamais vu ; nous ôter tous nos premiers Acteurs, et environner notre sublime Actrice de tout ce qu'il y avait de plus mauvais à l'Opéra. Encore le Public, tout indigné qu'il était de voir avilir un bel ouvrage, ne l'a-t-il pas abandonné. Pour lui porter le dernier coup, on a fait courir le bruit, dans les foyers et dans les cafés, que madame Saint-Huberty quittait elle-même son rôle. Elle a été obligée de protester publiquement le contraire, et cette protestation a été imprimée dans les journaux. Enfin on a pris le parti désespéré d'interrompre cette odieuse Pénélope, quoiqu'elle eût encore cent louis de recette ; et Dardanus et Panurge sont restés maîtres du théâtre. »

Piccinni m'écrivit de son côté. Sa lettre était d'un homme sensible et affligé, mais en même tems d'un philosophe, d'un artiste qui sentait sa dignité, d'un esprit à qui le malheur n'ôtait rien de sa justesse, et ne donnait aucune aigreur. Après m'avoir nommé les doubles et même les triples à qui on avait donné les rôles dès la troisième représentation : « Au départ soudain de Vestris, ajoutait-il, les ballets furent livrés aux figurans, enfin ce fut une véritable prostitution. Ce n'est pas tout encore. Tout cela a produit une infâme parodie de Pénélope, jouée à la Cour, depuis aux Menus ; et le retard des cent pistoles qu'on m'avait promises, à la mise de Pénélope, pour completter les mille écus de pension que je croyais avoir gagnés après Diane et Endymion. Le Ministre, très-mal informé par ceux qui sont à la tête et qui ne cherchent qu'à me nuire, a prononcé, il y a quelques jours, que Pénélope ne sera plus donnée, attendu que c'est un ouvrage qui ne fait point d'argent, et qu'elle ne sera point comptée pour la pension. Voilà, mon cher ami, le but de ces messieurs. Tout est accompli : ils en sont très-contens : et moi, je ne veux pas représenter au ministre que Pénélope, ainsi prostituée, n'a jamais été au-dessous de 2,000 francs, à l'instant où les ouvrages prônés n'ont pas donné quelquefois 1,100 francs, et qu'ils ne sont pas retirés : je ne veux pas présenter de placet : je ne veux pas me plaindre, et je n'aspire plus à l'acquisition de ces cent pistoles; mais j'aspire à contenter le public, qui ne doit entrer ici pour rien, ni être confondu avec ces jolis messieurs. »

Il avoue ensuite que dans le poëme, il y a beaucoup de défauts, qui en ont aussi entraîné dans sa musique. « J'ai donc, ajoute-t-il, fait parler à M. Marmontel, en ces propres mots : *les cala-leurs nous ont nui beaucoup, mais c'est nous qui leur avons donné des armes. Le public indifférent nous donne des conseils : il faut les saisir avec beaucoup d'empressement, ou renoncer à l'ouvrage et nous donner pour vaincus.* Il a entendu raison, et va s'occuper de tous ces changemens. Si après cela j'avais le bonheur de réussir, je serais assez vengé; mais si par malheur la chose tourne mal, alors je céderai les armes, et de ma vie je n'entrerai plus en lice. »

Les changemens furent faits, tels à peu près qu'ils sont dans la partition gravée; mais madame Saint-Huberty partit pour la province, et Pénélope ne fut reprise que long-tems après.

Page 73. (46) 1786 et 1787.

Page 74. (47) Il était depuis plus de quinze ans attaqué de cette maladie cruelle. Pendant un séjour de dix années en Angleterre, il n'avait jamais pu voir la première représentation d'un seul de ses opéra. Naturellement paresseux et livré au plaisir, il se donnait du bon tems jusques aux approches du terme fixé pour la mise en scène. Alors il s'enfermait, travaillait jour et nuit, s'excédait de fatigue, s'achevait aux répétitions, tombait malade, restait tout l'hiver étendu sur le lit de douleur, se rétablissait au printems et recommençait le même train de vie.

Ibid. (48) Au mois d'Octobre 1786.

Page 75. (40) Ce fut, je crois, dans le Journal de Paris. Je possède l'original de cet éloge, écrit de la main de Piccinni. Je le placerai ici tout entier, sans effacer même quelques irrégularités de style, pardonnables à un étranger, et qui furent sans doute corrigées dans le Journal, que je n'ai pas sous les yeux.

« M. Sacchini, né à Naples et *éduqué* dans le Conservatoire de Sainte-Marie-de-Lorette, dès l'enfance apprit à jouer du violon, et quelque tems après, sentant que ce talent était trop borné, il s'adonna entièrement à la composition, pour laquelle il avait toujours eu beaucoup de penchant. Ayant appris en fort peu de tems les élémens et même le dessin de la progression musicale, *il commença se livrer* à composer quelques airs, qu'on trouva charmans, et on observa que la mesure, la progression, l'unité et l'égalité du rhythme étaient d'un homme consommé dans l'art, et non d'un écolier. Le célèbre Durante, son maitre, en fut étonné et lui dit : mon enfant, tu seras un grand Compositeur....... Cela donna beaucoup de courage au jeune homme, qui dès ce moment s'y appliqua sans cesse, et en cinq ans, fit le cours de toutes les études les plus insurmontables.

» Durante était maitre aussi du Conservatoire de Saint-Onuphre, où il avait des élèves qui donnaient les plus grandes espérances (*). Un jour, pour les encourager et leur donner de l'émulation, il dit : vous avez dans le Conservatoire de Lorette un rival très-difficile à vaincre. Si vous ne faites pas tous vos efforts, au moins pour l'égaler, il restera seul, et à coup sûr ce sera l'homme du siècle ; ce rival, cet homme du siècle, c'était Sacchini.

» Que dirai-je de son grand talent, qu'il a déployé dans la suite, dans toutes les villes d'Italie, en Allemagne, en Angleterre, et enfin en France ? Cette marche facile, ce chant mélodieux, ce caractère tantôt grave, tantôt gai, brillant, pathétique, amoureux, sombre, et toujours soutenu ? Cette progression enchanteresse, sans que l'ouïe soit jamais choquée, même dans les transitions les plus dures, qu'il a toujours si bien préparées et résolues ! Cette précision exacte, où vous ne pouvez rien ôter, ni ajouter, où tout est fini ! La richesse de ses accompagnemens, si bien distribués, adaptés si à propos, sans nuire à la partie chantante, (qu'il a regardée toujours comme principale) et dans le plus haut degré de noblesse ! Ce superbe coloris ! Ces chœurs où les quatre parties sont si bien disposées, où l'on ne voit rien d'oisif, où toutes tendent au même but, où

(*) On se rappelle que Piccinni était alors au nombre de ses Elèves.

l'on ne distingue pas une mesure inutile, où enfin chaque partie forme séparément un chant si bien suivi, si bien modulé, que même isolée, elle devient un morceau capital !

» Je finirai son éloge, faible hommage de ma part, mais très-bien mérité de la sienne, en disant que la mort nous l'a enlevé trop tôt ; qu'avec un talent si transcendant il était fait pour avoir un sort plus heureux, et qu'il méritait d'être plus connu, plus approfondi. Qu'on ne m'accuse pas de partialité ni de flatterie ; on ne flatte point les morts. Ce que j'ai avancé, je le sens et je l'ai toujours senti, et je laisse au tems et aux connaisseurs le soin d'apprécier les sublimes productions que ce grand homme nous a laissées. »

Page 75. (50) Il passa d'abord chez Piccinni, et ne l'ayant point trouvé, il le fit prier de le venir voir. Piccinni se rendit à cette invitation. « Ce n'est pas en mon nom, lui dit le duc, que j'ai à vous parler, c'est comme Ambassadeur de la Reine de France auprès de vous. Si nous avions eu le malheur de vous perdre, et que vous eussiez laissé un ouvrage imparfait, Sacchini eût été le seul que la Reine eût jugé digne de le finir. C'est Sacchini que nous perdons ; elle ne veut confier qu'à vous le soin de terminer Evelina, qu'il composait pour la Cour. Et je viens par l'ordre exprès de S. M. vous proposer de vous charger de ce travail. » Pour donner à ceci sa véritable valeur, il faut se rappeler ce qu'était alors un Premier Gentilhomme de la chambre, et ce qu'était un artiste.

Ibid. (51) Le C. Guillard, auteur du poëme, fut averti de se concerter avec Piccinni pour l'exécution des ordres de la Reine. Il lui écrivit. La réponse de Piccinni fut aussi modeste que touchante. Je m'en rappelle encore les expressions ; il disait, en parlant de Sacchini : *mon pauvre ami qui n'existe plus. Il s'estimerait, disait-il, bien heureux, s'il pouvait s'approcher un tant soit peu de la sublimité de son style. S'il avait le malheur de ne pas réussir, il priait qu'on le plaignît, et qu'on ne lui en voulût pas*, *etc.*
Si le citoyen Guillard a conservé cette lettre, qu'il me permette de l'inviter ici à la publier. Cette publication ne peut blesser personne, et elle consacrerait cette anecdote sur deux grands artistes, dont l'un fut son ami, et l'autre le serait sans doute devenu.

Ibid. (52) C'est, comme on sait, le C. Rey. Je suis loin de former sur son assertion le moindre doute. La probité connue de ce Compositeur en répond. Mais malgré l'estime dont il jouit , et quelque bonne que soit la musique qu'il a mise à la fin d'Evelina , il n'est personne qui ne doive regretter que le premier projet n'ait pas été suivi. Qui peut savoir ce qu'eût produit le génie de Piccinni, stimulé par une telle circonstance , ce qu'il aurait mis d'adresse à *s'approcher* du style de son rival, dont il avait appris les secrets à la même école, et ce que cependant son propre style aurait conservé d'original? Cette fin de partition eût à jamais servi d'étude aux hommes assez instruits pour saisir ces nuances délicates ; et l'alliance de ces deux grands noms dans le même ouvrage , aurait inspiré au public même , un intérêt qu'aucun autre nom , placé auprès de celui de Sacchini , ne pouvait lui donner.

Page 76. (53) Au mois de Novembre 1787.

Page 77. (54) Voici cette lettre, telle qu'elle fut insérée dans le Journal de Paris, du 13 Décembre 1787.

« Messieurs, ce n'est pas l'éloge du grand Compositeur dont votre Journal nous a annoncé la mort, que je veux faire dans la lettre que j'ai l'honneur de vous adresser. La guerre musicale dont cet homme célèbre et moi fûmes la cause, mais dont il ne fut pas la victime , ferait suspecter cet éloge par ceux qui ne me connaissent que par mes Ouvrages ou par mon nom. C'est à vous , Messieurs, historiens de cette guerre et de la révolution musicale qu'elle a opérée en France , à louer dignement l'homme à qui votre théâtre lyrique doit autant que la scène française au *grand Corneille.* L'Italie vient de consacrer plus qu'un éloge, quelque bien fait qu'il puisse être, à la *mémoire de Sacchini.* Florence lui a décerné un buste dans sa galerie ; Rome a placé l'image de ce grand Compositeur dans le Panthéon; et le marbre retrace aux yeux d'un peuple qui aime véritablement la musique , les traits d'un homme qui a le plus honoré cet art.

» J'oserai vous proposer pour le Chevalier Gluck un hommage qui peut durer plus que le marbre encore , et qui peut transmettre à la postérité la plus reculée, non ses traits , que le buste que vous lui avez élevé conservera, mais l'image du génie que l'art et la France doivent honorer. Je vous propose en conséquence de fonder en l'honneur du Chevalier Gluck, un concert annuel , qui aura lieu le jour de sa mort , si ce jour-là n'est pas jour d'Opéra , et dans lequel on n'exécuterait que sa musique... Une institution semblable me paraît la plus digne de consacrer la mémoire de Gluck, et elle joint à cet avantage celui de servir encore après sa mort l'art qu'il professa d'une manière si éclatante pendant sa vie. Vous savez, Messieurs, combien les traditions musicales se perdent et se corrompent plus facilement encore que celles du jeu et de la déclamation sur vos autres théâtres. Cette institution aurait l'avantage de conserver le mouvement, le caractère, l'esprit dans lequel Gluck avait écrit ses savantes compositions. Elle transmettrait le sentiment de ces parties, qui constituent si particulièrement l'exécution d'un Ouvrage musical; et dans tous les tems on pourrait reprendre les chefs-d'œuvres de ce Compositeur, et en retracer le génie à la postérité.

» La philosophie de l'art y gagnerait encore. Vous savez que cet art, qui doit peut-être ses charmes à sa mobilité, et qui commande, j'oserai le dire, une sorte d'inconstance dans ses formes, change chez une nation en proportion de ce qu'il s'y perfectionne, ou de ce qu'il s'y propage davantage. Peut-être ce besoin de variété, qui a corrompu l'art en Italie, vous gagnera ; et la musique que vous ferez dans quarante ans, ne ressemblera peut-être plus à celle qui fait actuellement vos délices. L'institution que je propose aura encore l'avantage de rappeler vos Compositeurs aux principes de l'art et à la sorte de vérité qu'exige celui de la musique. L'image des grands modèles que vous a laissés Gluck, conservera parmi ceux qui lui succèderont, le caractère et la marche de la musique dramatique, qui constituait particulièrement le génie de ce grand Compositeur.

» Telles sont, Messieurs, les idées qui m'engagent à vous proposer mon projet de souscription. S'il vous parait susceptible d'exécution, si la Souveraine qui protégea ce grand homme, et ses rivaux, daigne l'agréer, j'oserai prier le public de me permettre de consacrer les derniers accens d'une voix qui s'éteint, à célébrer dans le premier concert qui sera l'effet de cette souscription, les talens d'un homme de génie, dont la mort ne m'a fait éprouver d'autre sentiment que le desir d'immortaliser la mémoire d'un Compositeur dont le nom servira d'époque à la révolution qui s'est opérée sur un des plus beaux théâtres de l'Europe. »

Page 77. (55) Le C. Pitra, auteur de l'opéra d'*Andromaque*, mis en musique par Grétry.

Page 79. (56) J'ai eu quelque tems cette partition entre les mains : je puis citer dans le premier genre un chœur dialogué entre Iphise, sœur d'Electre et ses jeunes compagnes, par où commence la pièce : *Filles d'Argos, mes compagnes fidelles, mêlez vos soupirs à mes pleurs ;*

Une invocation d'Electre à son frère absent : *O toi dont je savais l'enfance !* Un chœur plaintif et grandement dessiné , chanté par le peuple après la fausse nouvelle de la mort d'Oreste : *Pleurez, peuple fidèle ;* et dans le second genre , un air d'Electre , plein de vigueur et de fierté : *Dieux ! qu'invoque en vain la constance et l'excès de mon désespoir ;* le duo menaçant d'Oreste et de Pilade : *Tu nous verras à ta barbare fête ;* un autre beau duo entre Clytemnestre et son fils, un grand morceau d'ensemble , bien supérieur encore à celui qu'on admire si justement dans le second acte de Didon, parce que le dessin en est plus vaste, morceau dans lequel Egysthe et Clytemnestre dialoguent avec un chœur de prêtres, où celui-ci s'entremêle au chœur général du peuple, interrompu par un orage, lequel est suivi du récit que Clytemnestre fait d'un songe funeste qui la poursuit , et que termine l'air tragique et terrible : *Je crois encor, dans ma terreur, voir errer cette ombre sanglante,* etc. , etc.

Page 80. (57) Si l'on veut une preuve parlante de l'état de détresse où il se trouvait souvent réduit au milieu de ses travaux , on la trouvera dans ces deux lettres , que je puis publier aujourd'hui , sans violer le secret de l'amitié.

Ce dimanche 6 Mai 1787.

« Mon très-cher ami, j'ai besoin de votre appui dans la circonstance cruelle où je me trouve. Ma maladie, jointe à celle de mon fils et de ma charmante petite fille, ma chère Adélaïde, que malheureusement je viens de perdre, m'ont entraîné dans une dépense horrible. Ma ressource, dans toutes circonstances, ç'a été l'appui de M. de la B...., pour mon malheur cette porte s'est fermée , et depuis lundi de la semaine passée , je n'ai eu plus d'accès chez lui. Je me flatte que cela n'aura pas de suites , mais en attendant , je gémis , je languis dans l'indigence. A un ami tel que vous, je ne veux pas cacher mon état actuel. Vous pourriez me rendre un grand service et me soulager dans cette position affreuse où je suis, en engageant votre ami à me faire une avance de la moitié de ce qu'il voudra bien me donner à la fin du mois prochain , et s'il veut en retenir les intérêts, j'y consens de tout mon cœur. Cette somme ne pourra pas le gêner, mais elle serait pour moi du plus grand secours et sauverait du plus grand chagrin un pauvre homme qui ne sait pas de quel côté se tourner, dans un pays où les productions de son talent ne lui rapportent rien. Je me flatte, mon cher ami, que vous voudrez bien y prendre le plus grand intérêt, et je vous en fais d'avance mes plus vifs remercimens. Je vous embrasse de tout mon cœur. »

Paris, ce 5 Juillet 1787.

« Je vous prie, mon cher ami, de me faire dépêcher le paiement qu'on m'avait promis à la fin de Juin passé, et que j'ai réservé pour le quartier de mes enfans qui sont à Naples. J'aurais dû envoyer la lettre-de-change là-bas depuis lundi passé. Je vous recommande, mon bon ami, de ne pas laisser passer lundi prochain, autrement je serais fort embarrassé, ainsi que mes pauvres enfans. Je n'ai pas un moment à moi pour venir vous voir. Donnez-moi de vos nouvelles, et comme je suis à la fin du second acte de l'Ouvrage que vous savez, venez m'entendre, venez passer la journée avec moi, etc. »

Page 81. (58) Il eut surtout en 1789 une rechûte terrible de cette même maladie de bile, dont il avait pensé mourir en 1775. Elle se compliqua cette fois avec une attaque de goutte et ensuite avec une fièvre putride et maligne. On crut long-tems qu'il n'en reviendrait pas. Il fut près de six mois à se rétablir.

Page 84. (59) Je m'abstiens aussi de les nommer, et pour suivre son exemple et par respect pour deux noms illustres dans les arts, et parce qu'ils sont devenus depuis, à ce qu'on assure, victimes de la tyrannie, qu'ils flattaient alors aux dépens de leur maitre. Le second des deux reçut dès-lors le prix de sa bassesse. Il osa faire personnellement au Ministre la demande de la pension de Piccinni. Le Ministre ne put contenir son indignation. Comment, lui dit-il, misérable ! Tu tiens tout de lui, et tu as l'ingratitude de vouloir le dépouiller ! Cela dit, il le fit mettre dehors par ses gens.

Ibid. (60) Lettre datée de Naples, 19 Octobre 1797.

Page 86. (61) Je ne mets point ici son nom, parce qu'elle a depuis changé, comme tant d'autres, de langage et de fortune. Brouillée avec la Reine, elle a pris son inimitié pour du patriotisme. Elle s'est jetée dans le parti républicain; et maintenant elle est réfugiée en France.

Page 88. (62) La famille de Piccinni possède un autre de ces pseaumes, à la fin duquel l'Auteur a placé le chœur des songes d'Atys, sur ces paroles du psalmiste, analogues au sentiment que la musique exprime :

Sarà con me la pace
Se con me, o Dio! tu sei.
Ne' dolci sonni miei
Tranquillo ognor sarò.

Il a aussi employé avec beaucoup d'art, dans le cours du même pseaume, le motif instrumental d'un beau récitatif obligé d'Endymion, et le superbe air du même opéra : *Cesse d'agiter mon ame*; avec de légers changemens exigés, dans quelques endroits, par la coupe plus régulière des vers italiens, et par l'expression différente des paroles. Le tout ensemble forme un Ouvrage de la plus grande beauté, et qui employé à propos dans une cérémonie religieuse, chanté par des Italiens, avec les paroles italiennes, serait, je n'en doute pas, d'un effet admirable.

Page 90. (63) Son raisonnement là-dessus était de toute justesse. « La pension de l'Opéra dans sa constitution, je l'ai toujours jugée une rente viagère et non pas une pension. Si un pauvre auteur est forcé de la gagner par six opéra, qu'il est obligé de donner à un prix modique, selon l'Arrêt du Conseil de 1776, vous voyez bien que c'est lui qui en fait les fonds, qu'il l'achète de son argent et à la sueur de son front. C'est donc une rente libre, sur laquelle personne ne peut avoir le moindre droit; l'Auteur peut la manger où bon lui semble, et toutes les lois qui s'y opposeraient seraient injustes, comme il est injuste de gagner, en donnant mes Ouvrages, et de faire mourir de faim l'Auteur, avec l'excuse de la loi, quand il est clair que cette loi ne peut exister. »

Page 91. (64) Voici ses propres mots : « Ces bonnes gens prétendent que cette partition, à mon départ, je l'ai emportée avec moi; non, mon ami, ils mentent; tout est resté chez eux : je n'emportai que mon original en cinq notes. »

Il faudrait, enfin, que l'Administration de l'Opéra s'exécutât sur cet article. *Clytemnestre* a été remise au dépôt des partitions. Quel que soit le dépositaire, peut-il se déssaisir d'une partition sans en prendre un reçu? où est le reçu de la partition de Clytemnestre ? tout cela est aisé à vérifier. Qu'on cherche bien dans ce dépôt; on l'y trouvera, cela est sûr.

Ibid. (65) Cette proposition n'ayant pu avoir de suite, il fit revenir cette partition à Naples. Elle fut remise ensuite au C. Monge, Commissaire français à Rome : celui-ci avait promis de la faire passer à Paris : n'ayant point trouvé pour cela d'occasion sûre, avant son départ pour l'Égypte, il la laissa à Rome, où elle fut rendue quelques mois après à son Auteur.

Ibid. (66) Je reçus à Turin, par le citoyen Trouvé, qui était arrivé de Naples à Milan, une seconde lettre de Piccinni, plus affligeante encore que la première. Ayant commencé à me parler d'un objet qui lui donnait de vives inquiétudes, « Mon ami, ajoutait-il, je m'égare : la tête de votre Piccinni est perdue. » Un tremblement de main l'avait forcé d'interrompre sa lettre, et c'était une de ses filles qui l'avait achevée. « Je me suis chargé, m'écrivait le C. Trouvé en me l'envoyant, de la réponse du malheureux et respectable Piccinni. Vous ne pouvez concevoir jusqu'où va l'excès de sa misère et de son oppression. Un seul mot vous en fera juger. Il a été obligé de me donner rendez-vous chez sa fille, pour me faire ses adieux. La terreur l'avait forcé de renoncer aux petits dîners qu'il venait quelquefois prendre avec nous à notre mutuelle satisfaction, etc. »

Page 94. (67) Les Anglais diraient *prison-kingdom*, comme ils disent *prison-ship*.

Ibid. (68) Au moment où Piccinni se résolut à partir pour Rome, le C. Couturier, qui avait été l'année précédente secrétaire de cette première commission française, dont était membre le C. Monge, se trouvait Vice-Consul-Chancelier à Naples. Il écrivit à la nouvelle Commission, lui fit le tableau de la position de Piccinni, et la pressa d'accomplir le projet conçu par celle qui l'avait précédée. La Commission, le 17 Vendémiaire, lui fit répondre ces propres mots, par son secrétaire Saint-Martin : « Ne soyez point inquiet pour le célèbre et intéressant Piccinni. Il restera à Rome, et la Commission a pourvu à ce qu'il ne manque de rien et qu'il jouisse de toute l'aisance due à ses talens et à son âge. C'est une dette que la nation française avait contractée avec ce patriarche de la musique ; et vous voyez que votre lettre-de-change a été exactement payée à vue. »

Piccinni était encore incertain s'il n'irait point d'abord à Venise. Les succès qu'il y avait eus à son premier voyage lui en donnaient quelque desir. Un français, ami des arts et artiste lui-même, le C. Reboul, alors agent des contributions à Rome, le détourna de ce projet. Il lui fit sentir qu'après tout ce qu'il avait souffert pour la France et pour la liberté, il ne pouvait plus vivre sur une terre esclave, il ne pouvait plus trouver de patrie qu'en France. Il adressa un mémoire éloquent à la Commission française, et en obtint mille piastres ou 5,000 fr., pour ses frais de voyage. Le bon Piccinni, avant de partir, envoya encore à sa famille la plus grande partie de cette somme.

Ibid. (69) En passant à Turin, ils y furent reçus par le C. Eymar, qui m'avait succédé dans cette ambassade vers la fin de Vendémiaire. Il combla Piccinni de témoignages d'intérêt et d'amitié. Il lui offrit son logement à Paris; mais quoique Piccinni eût accepté cette offre, des circonstances particulières l'empêchèrent d'en profiter.

Page 95. (70) Près la rue Verte, au haut du faubourg Saint-Honoré.

Page 96. (71) Ce sont, comme on sait, les CC. Gossec, Cherubini, Méhul, Lesueur et Martini.

Cette fête fut donnée le 9 Nivôse. Trois des Inspecteurs, les citoyens Méhul, Cherubini et le Sueur, furent députés pour aller au devant de Piccinni, et le conduire au Conservatoire, où se trouvaient réunis les Professeurs et les Elèves de cet établissement. Pendant que l'on attendait Piccinni, le citoyen Sarrette instruisit les Elèves des motifs qui méritaient au citoyen Piccinni les honneurs que le Conservatoire allait lui rendre, il leur dit que ce célèbre Compositeur avait illustré sa carrière musicale par soixante années de travaux utiles à l'art dans lequel ils s'essayaient; que Piccinni était auteur de plus de 140 Opéra qui avaient orné la scène Italienne et la scène Française, et que dans ce nombre on en comptait plusieurs qui resteraient au théâtre comme des modèles : qu'ainsi, ils honoraient l'art, ils s'honoraient eux-mêmes dans les hommages qu'ils allaient rendre à ce grand maître. Un cri : *vive Piccinni!* fut la réponse des Elèves.

Les Elèves, rangés dans la cour du Conservatoire, annoncèrent par des fanfares l'arrivée de Piccinni. Le Commissaire du Gouvernement, les Inspecteurs de l'enseignement et les professeurs allèrent le recevoir; ce fut dans ce moment que Piccinni reçut des artistes Français la preuve non équivoque de l'estime qu'ils avaient pour ses talens.

Lorsque tous les Artistes eurent témoigné à cet homme célèbre le plaisir qu'ils avaient de le revoir en France, et surtout de pouvoir l'accueillir dans l'asyle destiné à la conservation de l'art musical, il fut conduit chez le citoyen Sarrette qui avait réuni plusieurs membres du Gouvernement, des deux Conseils, de l'Institut national, et les Compositeurs membres du Conservatoire. A la gaité franche et cordiale d'un repas fraternel, succéda un concert exécuté par les Élèves du Conservatoire dans une salle ornée d'emblèmes à la gloire de Piccinni, et des Compositeurs qui, comme lui ont reculé les bornes de l'art musical.

Une des Élèves du Conservatoire termina ce concert en chantant la belle scène du songe d'*Iphigénie en Tauride* de Piccinni, suivie de cet air, d'une mélodie si suave et si pure : *Ah ! m'est-il permis d'espérer ?*

Page 97. (72) Au ci-devant *Louvre*, où suivant un ancien et louable usage, des savans, gens de lettres et artistes distingués, sont logés aux frais du Gouvernement.

Page 98. (73) Sa santé y souffrit beaucoup. Plusieurs rhumes et un fort catharre furent les fruits d'un si brusque changement de climat, et de la privation de toutes les commodités qui auraient pu l'adoucir.

Ibid. (74) La seule Clytemnestre était venue avec lui en France.

Ibid. (75) Il était intitulé *Journal de Chant et de Piano-Forte, avec accompagnement de Flûte, Violon et Basse, etc.*, chez les citoyennes *Denis* et *Verne*, passage des Petits-Pères, au coin de la rue Neuve des Petits-Champs. Les citoyens *Desormery* et *Bouffet*, composaient les pièces et les accompagnemens de Forte-Piano ; *Piccinni* composait le reste. Malheureusement ce Journal eut peu de succès, et il n'en parut qu'un petit nombre de Numéros.

Ibid. (76) Ces vers ont été insérés dans la *Décade Philosophique*, N° 17 de l'an VII. L'hymne est gravé à la fin du Recueil des Fêtes nationales que devait publier le Conservatoire de musique. Si ce recueil parait enfin, on y verra, surtout dans la première strophe de cet hymne, qui sert de refrain à toutes les autres, un chant agréable, touchant, religieux, réuni à un contre-point savant, harmonieux et conduit de main de maitre. Mais on n'en pourra juger complettement ; on n'a gravé que deux parties de chant, et il y en a quatre, dont l'ensemble est parfait, dont la connexion et l'enchaînement, fruits d'une seule pensée musicale, exigent aussi, pour être bien appréciées, qu'on lise ou qu'on entende le tout à la fois.

Page 103 (77) En 1756.

Page 104. (78) C'est le citoyen Neveu, amateur instruit, son élève en composition, et l'un de ses plus fidèles amis.

Ibid. (79) On y pourrait ajouter ces quatre vers, que Marmontel avait faits, pour le portrait de Picciuui :

> Avec une grâce divine,
> Tour à tour comique et touchant,
> S'il est le Molière du chant,
> Il n'en est pas moins le Racine.

Page 104. (80) De ses quatre filles, une seule est mariée : deux sont à Paris, auprès de leur mère, et la quatrième est à Naples, avec le reste de la famille. L'ainé de ses deux fils est à Paris ; le second qui est Musicien et Compositeur, est en Suède. Il a donné, à Paris, en 1784, un petit Opéra-Comique, intitulé *les Amours de Chérubin.*

Page 105. (81) Dans la disette totale où nous sommes d'élémens de l'art du chant, selon la bonne méthode italienne, j'ai tâché d'en présenter une faible esquisse au mot *chanter*, première partie du Dictionnaire de musique de la nouvelle Encyclopédie : si cette esquisse ne suffit pas pour apprendre, elle prouve du moins combien nous sommes loin de savoir. Le Conservatoire de Musique s'occupe de la rédaction d'un Traité complet de l'art du Chant. Les matériaux en ont été fournis par *Mengozzi*, dont la mort est une grande perte pour le Conservatoire, et par les citoyens Cherubini et Langlé, tous deux élevés dans les Conservatoires d'Italie. On doit beaucoup attendre d'une telle réunion de lumières ; mais ce Traité est encore loin d'être publié ; et en attendant, les mauvaises méthodes se propagent, et la seule bonne est complettement ignorée.

Page 111. (82) Ceux qui accusent les Compositeurs italiens de ne savoir pas moduler, et nous avons des docteurs de cette force, devraient tâcher d'expliquer pourquoi ces mêmes maitres, qui modulent si hardiment et si rapidement dans leur récitatif, sont en effet plus sobres de modulations dans leurs airs : ils devraient au moins soupçonner qu'ils ont pour cela des raisons, et chercher à les pénétrer. Il s'en faut beaucoup, au reste, que ces grands maitres modulent aussi peu qu'on le prétend. Il suffit d'ouvrir leurs partitions pour s'en convaincre.

Dans la nouveauté de Roland, je demandais à un savant Professeur de forte-piano, s'il avait été l'entendre. Que voulez-vous que j'aille faire là, me répondit-il ? Entendre passer de la tonique à la dominante et de la dominante à la tonique ? Voyez pourtant plusieurs morceaux de cet Ouvrage, voyez surtout l'air d'Angélique . *Oui, je le dis, je suis Reine* ; ceux de Roland : *Tu sais ce que j'ai fait pour elle*, et *Je me reconnais, je respire* ; vous y trouverez une hardiesse et une variété de modulations très-remarquables, et que vous chercheriez peut-être inutilement dans d'autres partitions, où les modulations passent pour être plus savantes.

Après la première représentation de Didon, l'on retrancha dans le troisième acte un ballet tout entier, qui refroidissait l'action. Cela fesait un vide dans la musique, qu'il s'agissait de remplir. Piccinni regardait sur sa partition le ton dans lequel finissait ce qui précédait ce ballet et celui où commençait ce qui venait à la suite, pour coudre ensemble ces deux extrémités. Un Compositeur français le suivait des yeux : il le crut embarrassé. Pour faire cette jonction, lui dit-il, il vous faut une ritournelle : vous passerez d'abord dans le ton relatif, puis dans ce ton-ci, puis dans celui-là ; ce sera l'affaire d'une douzaine de mesures tout au plus. Piccinni le regarda, sans rien dire, avec un certain souris ironique qui lui était assez familier, et prenant une plume , il écrivit sur la partition une simple note de basse, qu'il accompagna de son accord ; et cet accord seul liait par une modulation hardie, mais naturelle, ces deux extrémités si distantes. Notre savant rengaina ses douze mesures et , s'il fit bien , il profita de la leçon.

Page 112. (83) *L'Amante di tutte*, et *I tre amanti ridicoli*.

Page 113. (84) Anfossi disait : dès que Piccinni compose, il invente. Nous autres, nous vivons à ses dépens : il n'y a presque aucun de ses morceaux dont Paësiello et moi nous ne tirions des motifs pour deux ou trois des nôtres. Paësiello , dont le style parait plus original que celui d'Anfossi, ne fait peut-être pas le même aveu ; il est cependant aisé d'appercevoir dans ses compositions les traces ou au moins le souvenir des idées et des motifs de son maitre. Voici à son sujet un trait presque incroyable , mais que plusieurs personnes pourraient encore attester.

En 1778, le Prince de Guéméné, qui fit peu de tems après une si horrible banqueroute, donnait chez lui beaucoup de concerts et même de spectacles en musique. Madame Dillon chantait à ces concerts, et Piccinni , qui les dirigeait, lui donnait des leçons sur les airs qu'elle devait y chanter. Edouard Dillon revint alors de Russie, où Paësiello avait été appelé par l'Impératrice. Il apportait à sa cousine plusieurs airs du premier opéra

que ce maître avait donné à Pétersbourg. C'était l'*Alessandro nell'*
indie. Madame Dillon, après les avoir parcourus, en fut enchantée.
Elle envoya chercher Piccinni, lui parla avec admiration de son
élève et de son ami Paësiello, lui montra ce qu'elle venait de
recevoir et lui dit qu'elle voulait, au concert prochain, chanter
deux airs qu'elle trouvait surtout admirables. Piccinni regarde ces
airs, les reconnaît, reconnaît aussi tous les autres, ne dit mot,
et donne tranquillement une leçon à son écolière, sur les deux
qu'elle avait choisis.

Le jour du concert, il entre avec une partition italienne sous le
bras, et il la dépose à part sans rien dire. Le concert commence :
Madame Dillon chante le premier air, qui est plusieurs fois interrompu par les plus vifs applaudissemens. Elle chante le second
qui en excite bien plus encore. Le Prince et toute la société,
l'orchestre, la salle entière ne trouvent point d'expressions pour
rendre leur enthousiasme. Piccinni qui accompagnait au forte-
piano, ne dit rien encore. On l'interroge, il répond assez froidement; on est tenté, pour la première fois, de l'accuser de jalousie.
Tandis que cela fait évènement et interruption dans le concert,
il va prendre la partition qu'il avait apportée, la place sur le
pupitre, et appelant à lui le célèbre Viotti qui conduisait l'orchestre, et pour lequel il avait une amitié particulière, tiens,
dit-il, mon cher Viotti, connais-tu cette écriture et cette note ?
— C'est la vôtre, mon cher maître. — Il feuillette la partition :
reconnais-tu cet air-là ? — C'est le premier que madame Dillon
a chanté. — Il feuillette encore : celui-ci et la scène qui le précède, les reconnais-tu ? — Eh ! c'est le second, et cette belle scène
qui nous a tant émus (*). — Crois-tu maintenant que ces deux
morceaux soient de Paësiello ? Eh bien ! regarde le reste, tu y
trouveras de même tous ceux que monsieur Dillon nous apporte de
Pétersbourg. Viotti éclate, s'adresse à M. de *Guéméné*, à madame
Dillon, à Edouard; et dévoile à tous ce plagiat inconcevable. Il
fallut toute la foi qu'on avait à la parole de monsieur Dillon
pour le croire, quand il affirma de nouveau, que Paësiello en
arrivant à Pétersbourg, y avait donné comme sien cet Opéra
d'Alexandre; que lui, Dillon, l'avait vu *représenter* à la Cour, et
avait obtenu la permission d'en faire copier les principaux airs.

(*) C'était la scène admirable *Pora dunque mori !* et cet air : *Se'l ciel mi
divide*, dont les motifs sont si nouveaux, la conduite si savante et l'expression
si pathétique.

F I N.